楽しく学ぶ
グローバル経済論

滝川　好夫〔著〕
Yoshio Takigawa

泉文堂

はしがき

【グローバル経済論を学ぶ3つの心構え】

① 日本経済の視点からグローバル経済を考える

「国籍は日本である」と自覚することが必要です。米国経済と欧州経済，米国経済と中国経済，中国経済と韓国経済などの関係といった世界の出来事を学ぶときには，必ず「それが日本経済にとって何を意味するのか」を考えることが重要です。

② 「理論 vs. 実際」と「概念 vs. 統計」

理論・概念だけでは無味乾燥です。理論が出てきたときは実際のメカニズムとの対応を考え，概念が出てきたときは統計数字を知っておくことが望ましいでしょう。実際・統計は理論・概念を学ぶ動機となり，理論・概念を適用する対象となります。

③ 理論 vs. 制度

日本・世界の出来事は真空状態で起こるわけではありません。グローバル経済を理解するためには，理論に加え，制度も理解する必要があります。理論が理論だけの説明に終わらないように，また制度が制度だけの記述に終わらないように心掛けましょう。

【本書の構成：国際貿易論，国際収支論，国際金融論】

「グローバル経済論」はミクロ経済学，マクロ経済学，金融論の応用編です。ミクロ経済学，マクロ経済学，金融論はそれぞれまずは一国内経済（自国経済）のメカニズムについて学ぶものであり，それを世界経済のメカニズム（自国と外国の間の関係）に拡張しようとしたものが「グローバル経済論」です。

「第1部　国際貿易論」はミクロ経済学のグローバル経済への応用編，逆に言えば，グローバル経済をミクロ経済学アプローチを用いて学ぶものです。

「第2部　国際収支論」はマクロ経済学のグローバル経済への応用編，逆に言えば，グローバル経済をマクロ経済学アプローチを用いて学ぶものです。「第

3部　国際金融論」は金融論のグローバル経済への応用編，逆に言えば，グローバル経済を金融論アプローチを用いて学ぶものです。

「国際貿易論」は実物経済（モノ）のはなし，「国際金融論」は貨幣経済（カネ）のはなしであり，「国際収支論」は実物経済（モノ）と貨幣経済（カネ）のつながりのはなしです。経済学部では「国際経済論」と「国際金融論」という2つの科目が開講されているが，国際経済論では本書の「第1部　国際貿易論」「第2部　国際収支論」を読んでグローバル経済の実物面を，国際金融論では本書の「第2部　国際収支論」「第3部　国際金融論」を読んでグローバル経済の金融面を，それぞれ学べばよいでしょう。

　泉文堂の佐藤光彦氏には本書の企図を理解していただき，出版の機会を得られたことをここに記して，感謝の意を表します。

2015年7月25日

　　　　　　　　　　神戸大学大学院経済学研究科教授　　滝川　好夫

目　　次

はしがき

第1部　国際貿易論

第1章　貿易のパターンと利益 …………………………………… 3
1　絶対生産費 vs. 比較生産費 ………………………………… 3
2　絶対生産費の例証 …………………………………………… 4
3　比較生産費の例証 …………………………………………… 5
4　比較生産費説：平均生産費 vs. 価格 ……………………… 6
5　外国為替相場と貿易パターン ……………………………… 8
6　貨幣賃金率と貿易パターン ………………………………… 10

第2章　貿易の利益は何によって生まれるのか ……………… 15
1　国際分業を行えばどのような利益が生じるのか：国際貿易の利益 …… 15
2　ヘクシャー＝オリーンの理論（要素賦存比率理論） …… 17
3　レオンティエフの逆説 ……………………………………… 20
4　要素価格均等化命題 ………………………………………… 21
5　特殊的要素理論 ……………………………………………… 22

第3章　経済成長の貿易・交易条件への影響 ………………… 23
1　経済成長の貿易への影響：生産効果（生産要素） ……… 24
　(1)　リプチンスキー定理 …………………………………… 24
　(2)　リプチンスキー定理の拡張 …………………………… 25

1

(3) 特殊的要素理論 ……………………………………………… 27
　2　経済成長の貿易への影響：生産効果（技術進歩） ……………… 27
　3　経済成長の貿易への影響：消費効果 ……………………………… 30
　4　経済成長・交易条件の貿易への影響：ジョンソンの基本方程式 …… 32
　5　経済成長の交易条件への影響：ジョンソンの基本方程式 ………… 35
　6　経済成長の交易条件への影響：窮乏化成長 ……………………… 36

第4章　貿易政策：自由貿易 vs. 保護貿易 ……………… 37

　1　関税政策と貿易政策 ……………………………………………… 38
　(1) 最適関税の理論 …………………………………………………… 38
　(2) 貿易政策の諸手段 ………………………………………………… 39
　(3) 輸入関税の国内所得分配への影響：ストルパー＝サムエル
　　　ソン定理 …………………………………………………………… 41
　2　貿易政策 vs. 国内政策 …………………………………………… 42
　(1) 国内政策の効果 …………………………………………………… 42
　(2) 数量政策と価格政策 ……………………………………………… 44
　3　保護貿易論の諸形態 ……………………………………………… 45

第2部　国際収支論

第5章　国際収支表 ……………………………………………… 49

　1　国際収支統計（IMF国際収支マニュアル第5版ベース）：
　　　経常収支，資本収支，外貨準備増減 …………………………… 51
　(1) 経常収支 …………………………………………………………… 52
　(2) 資本収支 …………………………………………………………… 53
　(3) 外貨準備増減 ……………………………………………………… 53

2　国際収支表（IMF国際収支マニュアル第5版ベース）……………… 54
　3　国際収支表の作成例（IMF国際収支マニュアル第5版ベース）……… 55
　4　自律的取引 vs. 調整的取引（IMF国際収支マニュアル第5版ベース）…………………………………………………………………… 58
　5　外貨準備増減と対外純資産（IMF国際収支マニュアル第5版ベース）…………………………………………………………………… 59
　　（1）　外貨準備増減 …………………………………………………… 59
　　（2）　対外純資産 ……………………………………………………… 59
　6　改訂国際収支統計（IMF国際収支マニュアル第6版ベース）……… 60

第6章　経常収支の決定理論 …………………………………………… 65

　1　経常収支の決定要因1：為替レート ………………………………… 65
　2　経常収支の決定要因2：内需 ………………………………………… 67
　3　経常収支の決定要因3：貯蓄・投資バランス ……………………… 67

第7章　開放経済下の財政・金融・貿易政策の効果：開放マクロ経済モデル ………………………………………… 69

　1　2国開放経済の45度線モデル：「閉鎖経済 vs. 開放経済」の乗数 …… 69
　　（1）　A国（日本） …………………………………………………… 69
　　（2）　B国（米国） …………………………………………………… 70
　2　マンデル＝フレミング・モデル：小国の開放マクロ経済モデル …… 71
　3　変動相場制下の政策効果：財政，金融，貿易政策 ………………… 73
　　（1）　変動相場制下の拡張的財政政策の効果 ……………………… 73
　　（2）　変動相場制下の拡張的金融政策の効果 ……………………… 74
　　（3）　変動相場制下の拡張的貿易政策の効果 ……………………… 75
　4　固定相場制下の政策効果：財政，金融，貿易政策 ………………… 76
　　（1）　固定相場制下の拡張的財政政策の効果 ……………………… 76
　　（2）　固定相場制下の拡張的金融政策の効果 ……………………… 77

 (3) 固定相場制下の拡張的貿易政策の効果 ……………………… 78
 5 マンデル＝フレミング・モデル：完全資本移動 vs. 不完全資本移動 ………………………………………………………………… 79
 6 大国の開放マクロ経済モデル ……………………………………… 81
  (1) 変動相場制下の拡張的財政政策の効果 ……………………… 82
  (2) 変動相場制下の拡張的金融政策の効果 ……………………… 82

第3部　国際金融論

第8章　外国為替と外国為替取引 …………………………… 87

 1 外国為替（外貨）：概念上の外国為替 vs. 生活上の外国為替 ……… 88
 2 外国為替円決済制度：対外決済メカニズム ……………………… 88
 3 外国為替取引：直物為替取引 vs. 先渡為替取引 ………………… 91
 4 外国為替取引：通貨派生取引 ……………………………………… 92
  (1) 通貨先物（フューチャーズ）取引 …………………………… 92
  (2) 通貨オプション取引 …………………………………………… 92
  (3) 通貨スワップ取引 ……………………………………………… 92

第9章　外国為替市場（外貨の売買市場） ………………… 95

 1 外国為替市場（外貨の売買市場） ………………………………… 95
 2 外国為替市場の実際 ……………………………………………… 96
 3 インターバンク市場（銀行間市場）vs. 対顧客市場 …………… 97
  (1) インターバンク市場（銀行間市場） ………………………… 97
  (2) 対顧客市場 ……………………………………………………… 98
 4 東京外国為替市場の参加者：金融機関，外国為替ブローカー，金融当局 ………………………………………………………………… 98

目　次

第10章　外国為替レート ……………………………………… 101
1　外国為替レート：外貨の価格 ……………………………… 101
2　クロス・レートと中立変動幅：円，ドル，ユーロの3通貨 ……… 103
3　円高・ドル安，円安・ドル高 ……………………………… 104
4　2国間為替レート vs. 実効為替レート ………………………… 105
5　固定為替レート vs. 変動為替レート ………………………… 105

第11章　外国為替レートの決定メカニズム：短期 ……… 107
1　外国為替レートの決定メカニズム：短期 vs. 長期 ………… 107
2　カバー付き金利平価（CIP） ………………………………… 108
　（1）マネーマーケット・ヘッジ vs. フォーワード・ヘッジ ……… 110
　（2）ディスカウント vs. プレミアム ………………………… 111
3　カバーなし金利平価（UIP） ………………………………… 112
　（1）RP（リスク・プレミアム）$\neq 0$ ………………………… 114
　（2）RP（リスク・プレミアム）$= 0$ ………………………… 114
4　期待インフレ率を明示したカバーなし金利平価 …………… 115

第12章　外国為替レートの決定メカニズム：長期 ……… 117
1　一物一価の法則 ……………………………………………… 117
2　購買力平価：絶対的購買力平価 vs. 相対的購買力平価 …… 118
　（1）絶対的購買力平価：水準 ………………………………… 118
　（2）相対的購買力平価：変化率 ……………………………… 119
3　実質為替レート ……………………………………………… 120
4　バラッサ＝サムエルソン効果 ……………………………… 121

第13章　国際通貨と外国為替制度 …………………………… 123
1　固定相場制 vs. 変動相場制 ………………………………… 123

(1) 固定相場制（ペッグ（釘付け）制） ················· 123
  (2) 変動相場制（フロート制） ························· 123
 2　商品本位制 ·· 124
  (1) 金本位制 vs. 銀本位制 ···························· 125
  (2) 金銀複本位制 ··································· 126
 3　外国為替制度の選択：固定相場制 vs. 変動相場制 ········ 126
  (1) 実体経済の面から：通貨圏 ························· 127
  (2) 政策の面から ··································· 127
 4　主要先進諸国の変動相場制の評価 ····················· 129
 5　外為市場操作 ····································· 130
 6　最適通貨圏 ······································· 131

索　　引 ··· 135

図 表 一 覧

第1章　貿易のパターンと利益
表1-1　完全特化 ·· 4
表1-2　絶対的優位 vs. 絶対的劣位 ·· 5
表1-3　比較生産費説：リカードの数値例 ································ 6
表1-4　絶対生産費説の例証：通貨単位を用いて ······················ 8
表1-5　貨幣賃金率と貿易パターン ·· 13

第2章　貿易の利益は何によって生まれるのか
表2-1　国際分業・国際貿易：生産量合計 ······························ 16
表2-2　完全特化のときの生産量合計 ···································· 17

第3章　経済成長の貿易・交易条件への影響
図3-1　「超順貿易偏向」vs.「超逆貿易偏向」：生産効果 ············ 25
　　　　出所：天野明弘・渡部福太郎編『国際経済論』3-9図(p.112) より
図3-2　「超順貿易偏向」vs.「超逆貿易偏向」：消費効果 ············ 31
　　　　出所：天野明弘・渡部福太郎編『国際経済論』3-19図(p.122) より

第5章　国際収支表
表5-1　構成国一覧：OECD諸国，ASEAN，EU ······················· 50
　　　　出所：「国際収支統計」（日本銀行）
表5-2　国際収支の発展段階 ·· 54
表5-3　国際収支表の作成例 ·· 57
表5-4　2014年度の国際収支表（IMF国際収支マニュアル第6版ベース）········ 60
　　　　出所：『日本経済新聞』（夕刊）2015年5月13日

第6章　経常収支の決定理論
図6-1　Jカーブ効果 ·· 66

第7章　開放経済下の財政・金融・貿易政策の効果：開放マクロ経済モデル
図7-1　2国開放経済の45度線分析 ······································· 71
図7-2　小国の開放マクロ経済モデル ···································· 73

図7-3	変動相場制下の拡張的財政政策の効果	74
図7-4	変動相場制下の拡張的金融政策の効果	75
図7-5	変動相場制下の拡張的貿易政策の効果	76
図7-6	固定相場制下の拡張的財政政策の効果	77
図7-7	固定相場制下の拡張的金融政策の効果	78
図7-8	固定相場制下の拡張的貿易政策の効果	79
図7-9	$IS-LM-BP$モデル：完全資本移動	80
図7-10	$IS-LM-BP$モデル(1)：不完全資本移動	80
図7-11	$IS-LM-BP$モデル(2)：不完全資本移動	81
図7-12	変動相場制下の拡張的財政政策の効果	82
図7-13	変動相場制下の拡張的金融政策の効果	83

第8章　外国為替と外国為替取引

図8-1　外国為替円決済制度 ……………………………………………… 90
　　　　出所：『日本経済新聞』2003年8月28日

第12章　外国為替レートの決定メカニズム：長期

図12-1　絶対的購買力平価：水準 ………………………………………… 119
　　　　出所：『日本経済新聞』2015年6月9日

第1部
国際貿易論

第1章　貿易のパターンと利益

【何を輸出し，何を輸入するのか】

諸国は，いろいろの商品を輸出したり，輸入したりしています。A，B国の何らかの理由によって生じた能力・適性を前提として，なぜA国は工業品を輸出し，農業品を輸入するのでしょうか。なぜB国は逆に工業品を輸入し，農業品を輸出するのでしょうか。各国はそれぞれどのように生産における分業を行い，何を輸出し，何を輸入するのでしょうか。

1　絶対生産費 vs. 比較生産費

【絶対生産費 vs. 比較生産費】

「国際分業・貿易構造は何によって決まるのか」といった問題をはじめて理論化したのはリカードであり，その理論は「比較生産費説」と呼ばれています。比較生産費説は，一国が生産する2種類の商品の平均生産費（生産物単位当たり生産費）の比率を他国のそれと比較して，相対的に小さい平均生産費の商品がその国の輸出商品になり，逆に相対的に大きい平均生産費の商品がその国の輸入商品になるというものです。

1種類の商品だけについて，2つの国の平均生産費を比較して，絶対的に大きい（絶対的優位）か，小さい（絶対的劣位）かを比較することは「絶対生産費説」と呼ばれています。仮に，一国が絶対生産費において2種類の商品とも他国に対して劣位にあるとしても，その劣り方に差があるならば，劣り方の小さい商品の生産を分担し輸出し，また2種類の商品とも優位にある他国は，優れ方の大きい商品の生産を分担し輸出することによって，両国は国際分業・国

際貿易から利益を得ることができます。

2　絶対生産費の例証

【完全特化】

いま，労働が同質であり，労働に対して同一の報酬を支払っている2つの国A，Bがそれぞれ2種類の商品X，Yを生産しており，平均生産費が労働者数で測って，つまり労働価値で測って表1－1であるとしましょう。労働者数を多く要するということは平均生産費が高いことを意味し，X商品については120人の平均生産費よりも低い80人の平均生産費のA国の方が国際競争力が高く，またY商品については90人の平均生産費よりも低い70人の平均生産費のB国の方が国際競争力が高いと言えます。つまり，A国はX商品に，B国はY商品にそれぞれ絶対的優位をもっていると言えます。このとき，A国はX商品の生産に特化し，B国はY商品の生産に特化して，互いに分業・国際貿易を行うことができ，各国がただ1種類の商品の生産に特化する状態は「完全特化」と呼ばれています。

表1－1　完全特化

(単位：労働者数)

	A 国	B 国
商 品 X	80人	120人
商 品 Y	90人	70人

【絶対的優位 vs. 絶対的劣位】

次に，2つの国A，Bの2種類の商品X，Yについての平均生産費が表1－2であるとします。X商品については120人の平均生産費よりも低い80人の平均生産費のA国の方が国際競争力が高く，またY商品については100人の平均生産費よりも低い90人の平均生産費のA国の方が国際競争力が高いと言えます。

つまり，A国はX，Y商品に絶対的優位，B国はX，Y商品に絶対的劣位をそれぞれもっていると言えます。このとき，A国がX，Y商品の両方を生産・輸出し，B国が何も生産しないでX，Y商品の両方を輸入することは可能でしょうか。B国が大量の輸入資金を保有していない限り，A国が輸出し続け，B国が輸入し続けることは不可能です。

表1－2　絶対的優位 vs. 絶対的劣位

(単位：労働者数)

	A 国	B 国
商品 X	80人	120人
商品 Y	90人	100人

3　比較生産費の例証

【「比較生産費説」：リカードの数値例】

　比較生産費説は，A国がX，Yの両商品の生産において絶対的優位，B国がX，Yの両商品の生産において絶対的劣位にそれぞれある場合でも，2つの国A，Bがそれぞれ1種類だけの商品を分業生産し，国際貿易を行うことが両国にとって利益をもたらすというものです。表1－3はリカードが示した「比較生産費説」の有名な数値例であり，A国はX，Y商品に絶対的優位，B国はX，Y商品に絶対的劣位をそれぞれもっているが，A国の絶対的優位の程度，B国の絶対的劣位の程度は商品によって差があります。すなわち，X商品においては，A国の平均生産費80人はB国の平均生産費120人の$\frac{80}{120} = \frac{2}{3}$倍であるのに対して，$Y$商品においては，A国の平均生産費90人はB国の平均生産費100人の$\frac{90}{100} = \frac{9}{10}$倍であり，つまり，A国は両商品において絶対的優位に立つが，その絶対的優位の程度はX商品の方が大きい（$\frac{2}{3} < \frac{9}{10}$）。言い換えると，A国ではB国よりも，$Y$商品と比較したとき，$X$商品の方がより低い平

均生産費であり，このとき，A国はX商品に比較優位をもつことになります。一方，X商品においては，B国の平均生産費120人はA国の平均生産費80人の$\frac{120}{80}=1.5$倍であるのに対して，Y商品においては，B国の平均生産費100人はA国の平均生産費90人の$\frac{100}{90}=\frac{10}{9}$倍であり，つまり，B国は両商品において絶対的劣位に立つが，その絶対的劣位の程度はY商品の方が小さい（$1.5 > \frac{10}{9}$）。言い換えると，B国ではA国よりも，X商品と比較したとき，Y商品の方がより低い平均生産費であり，このとき，B国はY商品に比較優位をもつことになります。以上のことから，

$$\frac{\text{A国の}X\text{商品の平均生産費}(80\text{人})}{\text{B国の}X\text{商品の平均生産費}(120\text{人})} < \frac{\text{A国の}Y\text{商品の平均生産費}(90\text{人})}{\text{B国の}Y\text{商品の平均生産費}(100\text{人})}$$

つまり，

$$\frac{\text{A国の}X\text{商品の平均生産費}(80\text{人})}{\text{A国の}Y\text{商品の平均生産費}(90\text{人})} < \frac{\text{B国の}X\text{商品の平均生産費}(120\text{人})}{\text{B国の}Y\text{商品の平均生産費}(100\text{人})}$$

です。

表1−3　比較生産費説：リカードの数値例

（単位：労働者数）

	A 国	B 国
商　品　X	80人	120人
商　品　Y	90人	100人

4　比較生産費説：平均生産費 vs. 価格

【比較生産費説：平均生産費】

$$\frac{\text{A国の}X\text{商品の平均生産費}(80\text{人})}{\text{A国の}Y\text{商品の平均生産費}(90\text{人})} < \frac{\text{B国の}X\text{商品の平均生産費}(120\text{人})}{\text{B国の}Y\text{商品の平均生産費}(100\text{人})}$$

は，Y商品に比べたとき（あるいはY商品を価値の基準にしたとき），X商品の平均生産費はA国の方が安く，B国の方が高いことを示しています。つまり，

A国はX商品に比較優位をもっています。

$$\frac{\text{A国のY商品の平均生産費}(90人)}{\text{A国のX商品の平均生産費}(80人)} > \frac{\text{B国のY商品の平均生産費}(100人)}{\text{B国のX商品の平均生産費}(120人)}$$

と書き換えると，それはX商品に比べたとき（あるいはX商品を価値の基準にしたとき），Y商品の平均生産費はA国の方が高く，B国の方が安いことを示しています。つまり，B国はY商品に比較優位をもっています。

【比較生産費説：価格】

完全競争が行き着くすと，「価格＝平均生産費」になるので，

$$\frac{\text{A国のY商品の平均生産費}(90人)}{\text{A国のX商品の平均生産費}(80人)} > \frac{\text{B国のY商品の平均生産費}(100人)}{\text{B国のX商品の平均生産費}(120人)}$$

は，

$$\frac{\text{A国のY商品の価格}(90)}{\text{A国のX商品の価格}(80)} > \frac{\text{B国のY商品の価格}(100)}{\text{B国のX商品の価格}(120)}$$

となり，それは，商品相対価格をA，B2つの国について比較し，相対的に安い商品（A国ではX商品，B国ではY商品）が比較優位をもっていることを示しています。

「$\frac{\text{A国のY商品の価格}(90)}{\text{A国のX商品の価格}(80)}$」「$\frac{\text{B国のY商品の価格}(100)}{\text{B国のX商品の価格}(120)}$」はY商品1単位がX商品何単位に相当するか，すなわちX商品で測ったY商品の価格，ないしX商品に対するY商品の相対価格を示しており，

$$\frac{\text{A国のY商品の価格}(90)}{\text{A国のX商品の価格}(80)} > \frac{\text{B国のY商品の価格}(100)}{\text{B国のX商品の価格}(120)}$$

は，「A国においてはX商品の相対価格が安い，Y商品の相対価格が高い」，「B国においてはX商品の相対価格が高い，Y商品の相対価格が安い」，つまり，「X商品の相対価格はA国のほうがB国より安い」，「Y商品の相対価格はB国のほうがA国より安い」ことを示しています。

5　外国為替相場と貿易パターン

【絶対生産費説の例証：通貨単位を用いて】

いま，日本と米国がそれぞれ商品X，Yを生産しており，平均生産費（価格）が通貨単位（日本では円，米国ではドル）で測って，表1－4であるとしましょう。どちらが安くて輸出品に，どちらが高くて輸入品になるかを知るためには，外国為替相場を知っておく必要があります。

表1－4　絶対生産費説の例証：通貨単位を用いて

（単位：円，ドル）

	A 国	B 国
商品　X	80円	120ドル
商品　Y	90円	100ドル

① 　1ドル＝1円のとき：X商品，Y商品はともに日本から米国へ輸出

いま1ドルと1円が等価交換されるとしましょう。そのとき，円に換算すると，米国のX商品価格は120円，Y商品価格は100円となり，両商品とも日本の方が安く，X商品，Y商品ともに日本から米国へ輸出されるでしょう。このとき，輸出代金を受け取り，ドルの供給はあるが，輸入代金を支払うためのドルの需要はありません。日本国内の外国為替市場（外国通貨ドルの売買市場）でドルの超過供給が生じ，ドルの価格は低下します（ドル安・円高）。

② 　1ドル＝$\frac{9}{10}$円のとき：X商品は日本から米国へ輸出

日本国内の外国為替市場でドルの超過供給が生じているので，「1ドル＝1円」からドルの価格が下落し，「1ドル＝$\frac{9}{10}$円」つまり，「1円＝$\frac{10}{9}$ドル」になったとしましょう。そのとき，円に換算すると，米国のX商品価格は120ドル×$\frac{9}{10}$$\left(\frac{円}{ドル}\right)$＝108円，$Y$商品価格は100ドル×$\frac{9}{10}$$\left(\frac{円}{ドル}\right)$＝90円となり，$X$商品価格は日本の方が安く，$Y$商品価格は日米同じです。$X$商品

は日本から米国へ輸出されるが，Y商品は日米同一価格であるので貿易されません。この状態では，輸出代金を受け取り，ドルの供給はあるが，輸入代金を支払うためのドルの需要はありません。依然として，日本国内の外国為替市場でドルの超過供給が生じ，ドルの価格はさらに低下します（ドル安・円高）。

③　1ドル＝$\frac{8}{10}$円のとき：X商品は日本から米国へ輸出，Y商品は米国から日本へ輸出

　日本国内の外国為替市場でドルの超過供給が生じているので，「1ドル＝$\frac{9}{10}$円」からドルの価格が下落し，「1ドル＝$\frac{8}{10}$円」つまり，「1円＝$\frac{10}{8}$ドル」になったとしましょう。そのとき，円に換算すると，米国のX商品価格は120ドル×$\frac{8}{10}\left(\frac{円}{ドル}\right)$＝96円，Y商品価格は100ドル×$\frac{8}{10}\left(\frac{円}{ドル}\right)$＝80円となり，X商品価格は日本の方が安く，Y商品価格は米国の方が安くなります。X商品は日本から米国へ輸出されるが，Y商品は米国から日本へ輸出されます。この状態では，日本では，X商品の輸出代金としてのドルの受け取り，Y商品の輸入代金としてのドルの支払いが生じ，日本国内の外国為替市場でドルの超過供給が生じるのか，超過需要が生じるのかは不明です。

④　1ドル＝$\frac{8}{12}$円のとき：Y商品は米国から日本へ輸出

　日本国内の外国為替市場でドルの超過供給が生じ，「1ドル＝$\frac{8}{10}$円」からドルの価格が下落し，「1ドル＝$\frac{8}{12}$円」つまり，「1円＝$\frac{12}{8}$ドル」になったとしましょう。そのとき，円に換算すると，米国のX商品価格は120ドル×$\frac{8}{12}\left(\frac{円}{ドル}\right)$＝80円，Y商品価格は100ドル×$\frac{8}{12}\left(\frac{円}{ドル}\right)$＝66.7円となり，X商品価格は日米同じで，Y商品価格は米国の方が安くなります。X商品は日米同一価格であるので貿易されませんが，Y商品は米国から日本へ輸出されます。この状態では，輸入代金を支払うためのドルの需要はあるが，輸出代金の受け取りによるドルの供給はありません。日本国内の外国為替市場でドルの超過需要が生じ，ドルの価格は反転上昇します（ドル高・円安）。

【外国為替相場と貿易パターン】

　表1－4を前提にすれば，外国為替相場（ドルの価格）しだいで，X商品

が安くなって輸出品になったり，Y商品が高くなって輸入品になったり，逆に，X商品が高くなって輸入品になったり，Y商品が安くなって輸出品になったりします。

① 「1ドル＝1円」のとき，日本はX商品，Y商品をともに輸出し，米国はX商品，Y商品をともに輸入します。

② 「1ドル＝$\frac{9}{10}$円」（ドル安・円高）のとき，日本はX商品の輸出のみ，米国はX商品の輸入のみを行います。Y商品は日米同一価格であるので貿易されません。

③ 「1ドル＝$\frac{8}{10}$円」（ドル安・円高）のとき，日本はX商品を輸出，Y商品を輸入し，逆に米国はX商品を輸入，Y商品を輸出します。

④ 「1ドル＝$\frac{9}{12}$円」（ドル安・円高）のとき，日本はY商品の輸入のみ，米国はY商品の輸出のみを行います。X商品は日米同一価格であるので貿易されません。

【商品ごとの別々の外国為替相場：複数為替相場制】

商品ごとに別々の外国為替相場を設定し，すなわち「複数為替相場制」を採用し，たとえば，X商品について「1ドル＝$\frac{1}{2}$円（1円＝2ドル）」，Y商品について「1ドル＝1円」と設定すると，日本の商品のドル換算価格は，X商品価格＝160ドル（80円×2$\left(\frac{円}{ドル}\right)$＝160ドル），$Y$商品価格＝90ドル（90円×1$\left(\frac{円}{ドル}\right)$＝90ドル）となって，日本は$X$商品を輸入，$Y$商品を輸出し，逆に米国は$X$商品を輸出，$Y$商品を輸入します。

6　貨幣賃金率と貿易パターン

【絶対生産費説の例証：貨幣賃金率を用いて】

いま，日本と米国がそれぞれ商品X，Yを生産しており，平均生産費が労働量で測って表1－2，通貨単位（日本では円，米国ではドル）で測って表1－4であるとしましょう。ここで，外国為替相場は「1ドル＝1円」，「日本の1人の貨幣賃金率＝1円」，「米国の1人の貨幣賃金率＝1ドル」であるとしま

しょう。このとき，円に換算すると，米国の X 商品価格は120円，Y 商品価格は100円となり，両商品とも日本の方が安く，X 商品，Y 商品ともに日本から米国へ輸出されます。日本においては，X 商品，Y 商品を生産するための労働に対する需要が増大し，貨幣賃金率は上昇します。

① 「日本における1人の貨幣賃金率＝$\frac{10}{9}$円」のとき：X 商品は日本から米国へ輸出

日本における1人の貨幣賃金率が1円から $\frac{10}{9}$ 円へ上昇したとしましょう。日本における X 商品価格は「80人×1円＝80円」から「80人×$\frac{10}{9}$円＝88.9円」へ上昇し，Y 商品価格は「90人×1円＝90円」から「90人×$\frac{10}{9}$円＝100円」へ上昇します。円に換算すると，米国の X 商品価格は「120人×1ドル×$1\left(\frac{円}{ドル}\right)$＝120円」，米国の Y 商品価格は「100人×1ドル×$1\left(\frac{円}{ドル}\right)$＝100円」となり，$X$ 商品価格は日本の方が安く，Y 商品価格は日米同じです。X 商品は日本から米国へ輸出されるが，Y 商品は日米同一価格であるので貿易されません。日本においては，X 商品を生産するための労働に対する需要が増大し，貨幣賃金率は上昇します。

② 「日本における1人の貨幣賃金率＝$\frac{12}{8}$円」のとき：Y 商品は米国から日本へ輸出

日本における1人の貨幣賃金率が $\frac{10}{9}$ 円から $\frac{12}{8}$ 円へさらに上昇したとしましょう。日本における X 商品価格は「80人×$\frac{10}{9}$円＝88.9円」から「80人×$\frac{12}{8}$円＝120円」へ上昇し，Y 商品価格は「90人×$\frac{10}{9}$円＝100円」から「90人×$\frac{12}{8}$円＝135円」へ上昇します。円に換算すると，米国の X 商品価格は120人×1ドル×$1\left(\frac{円}{ドル}\right)$＝120円，米国の Y 商品価格は100人×1ドル×$1\left(\frac{円}{ドル}\right)$＝100円となり，$X$ 商品価格は日米同じで，Y 商品価格は米国の方が安くなります。X 商品は日米同一価格であるので貿易されませんが，Y 商品は米国から日本へ輸出されます。日本においては，Y 商品を生産するための労働に対する需要が減少し，貨幣賃金率は反転下落します。

外国為替相場が固定されている場合には，日米が貿易し合うための，日米における貨幣賃金率の変動範囲が決定されます。

第1部　国際貿易論

【1国の商品相対価格の分解：平均費用の3つの要素への分解】

平均生産費（価格）は，次のように，3つの要素（労働分配率の逆数，貨幣賃金率，労働投入係数）の積に分解することができます。

$$平均生産費 = \frac{総生産費}{生産量}$$

$$= \left(\frac{総生産費}{賃金総額}\right) \times \left(\frac{賃金総額}{労働投入量}\right) \times \left(\frac{労働投入量}{生産量}\right)$$

$$= (労働分配率の逆数) \times (貨幣賃金率) \times (労働投入係数)$$

$$1商品の価格 = 平均生産費$$
$$= (労働分配率の逆数) \times (貨幣賃金率) \times (労働投入係数)$$

であるので，日米それぞれの国の X，Y 商品の相対価格は，

$$\frac{X商品価格}{Y商品価格} = \left\{\frac{(X商品の労働分配率の逆数)}{(Y商品の労働分配率の逆数)}\right\} \times \left\{\frac{(X商品の貨幣賃金率)}{(Y商品の貨幣賃金率)}\right\}$$
$$\times \left\{\frac{(X商品の労働投入係数)}{(Y商品の労働投入係数)}\right\}$$

と分解できます。X，Y 商品が労働だけで生産されるとすれば労働分配率（総生産費内に占める賃金総額の割合）は1であるので，

$$\left\{\frac{(X商品の労働分配率の逆数)}{(Y商品の労働分配率の逆数)}\right\} = 1$$ です。労働市場が完全で自由競争が行われているとすれば，労働者は X，Y 商品のいずれの産業でも同一の貨幣賃金率を受け取るので，$\left\{\frac{(X商品の貨幣賃金率)}{(Y商品の貨幣賃金率)}\right\} = 1$ です。したがって，

$$\frac{X商品価格}{Y商品価格} = \frac{(X商品の労働投入係数)}{(Y商品の労働投入係数)}$$

です。

【X, Y 商品産業間で賃金格差があるとき】

労働市場が完全でなく，X, Y 商品産業間で賃金格差があるとき，

$$\left\{\frac{(X商品の貨幣賃金率)}{(Y商品の貨幣賃金率)}\right\} \neq 1$$ であり，

$$\frac{X商品価格}{Y商品価格} = \left\{\frac{(X商品の貨幣賃金率)}{(Y商品の貨幣賃金率)}\right\} \times \left\{\frac{(X商品の労働投入係数)}{(Y商品の労働投入係数)}\right\}$$

です。

いま第1に,「1ドル＝1円」としましょう。第2に,日米の2種類の商品 X, Y についての労働投入係数（$\frac{労働投入量}{生産量}$：商品1単位を生産するのに必要な労働量）が表1－2であるとしましょう。つまり,労働投入係数は日本においては X 商品80人,Y 商品90人,米国においては X 商品120人,Y 商品100人であるとしましょう。第3に,米国においては X, Y 商品産業間の賃金格差はなく,貨幣賃金率は1ドルであるが,日本においては X, Y 商品産業間の賃金格差があり,X 商品産業の貨幣賃金率は1人について1.6円,Y 商品産業の貨幣賃金率は1人について1.0円であるとしましょう。

このとき,円単位で表した商品価格（平均生産費）は表1－5になります。日本は X 商品価格について米国より高く,Y 商品価格について米国より安いので,日本は X 商品を輸入し,Y 商品を輸出することになり,「比較生産費説」についてのリカードの例証（労働投入係数による比較優位）とは反対の結論になります。

表1－5　貨幣賃金率と貿易パターン

(単位：円)

	A 国	B 国
商　品　X	80×1.6＝128円	120×1＝120円
商　品　Y	90×1＝90円	100×1＝100円

したがって,労働投入係数の比率を日米両国について比較して分かる貿易パターンは,X, Y 商品産業間の賃金格差によって乱されます。

第2章 貿易の利益は何によって生まれるのか

【国際分業・国際貿易はどんな利益をもたらすのか：「貿易の利益」】

　A国は工業品を輸出し，農業品を輸入することによってどんな利益を得るのでしょうか。B国は逆に工業品を輸入し，農業品を輸出することによってどんな利益を得るのでしょうか。A，B国は，それぞれの能力・適性に応じて，ある1種類の商品の生産に専門化，すなわち「特化」することによって，そうでない場合よりも生産量を拡大させることができ，このように増大した生産物を互いに国際交換（国際貿易）することによって，A，B両国は，より多くの生産物を支配することが可能になります。これが「貿易の利益」です。

1　国際分業を行えばどのような利益が生じるのか：国際貿易の利益

【国際分業・国際貿易を行わなければ：表2−1】

　いま，A，B国には，表2−1に示された人数の労働者しかいないとしましょう。すなわち，A国では80＋90＝170人，B国では120＋100＝220人が総労働者数です。また，何単位の商品を生産しようとも，平均生産費は不変であると仮定しましょう。たとえば，A国のX商品は1単位の生産に80人の労働者を必要とするので，2単位の生産ならば160人，3単位の生産ならば240人の労働者が必要です。

　A，B国が国際分業・国際貿易を行わなければ，A国は80人で1単位のX商品，90人で1単位のY商品を生産し，B国は120人で1単位のX商品，100人で1単位のY商品を生産するでしょう。世界全体（A，Bの2つの国）では，2

単位のX商品，2単位のY商品を生産するでしょう。

表2－1　国際分業・国際貿易：生産量合計

（単位：労働者数，商品数）

	A 国	B 国	両国の生産量合計
商　品　X	80人	120人	2単位
商　品　Y	90人	100人	2単位

【国際分業・国際貿易を行えば，どのような利益が生じるのか：表2－2】

　A国が比較優位をもっているY商品に完全特化，つまりX商品だけの生産に特化するならば，Y商品の生産に従事していた90人がX商品の生産に回され，170人でX商品を生産することになります。A国では，80人で1単位のX商品を生産しているので，170人を投入すると，X商品は$\frac{170}{80}=2.125$単位生産されます。B国が比較優位をもっているY商品に完全特化，つまりY商品だけの生産に特化するならば，X商品の生産に従事していた120人がY商品の生産に回され，220人でY商品を生産することになります。B国では，100人で1単位のY商品を生産しているので，220人を投入すると，Y商品は$\frac{220}{100}=2.2$単位生産されます。

　比較生産費説に従って，A国がX商品の生産に完全特化するならば，80＋90＝170人で2.125単位のX商品を生産でき，B国がY商品の生産に完全特化するならば，120＋100＝220人で2.2単位のY商品を生産できます。すなわち，A，Bの2つの国が国際分業・国際貿易を行えば，A国はX商品を1＋1.125＝2.125単位生産でき，B国はY商品を1＋1.2＝2.2単位生産でき，世界全体（A，Bの2つの国）では，2.125単位のX商品，2.2単位のY商品を生産できます。国際分業・国際貿易を行う前後を比較すれば，国際分業・国際貿易を行ったあとでは，世界全体でX商品において0.125単位，Y商品において0.2単位の生産量増大が実現しています。

　0.125単位のX商品，0.2単位のY商品の生産量増大といった世界全体の「貿

易の利益」がA国とB国にどのように配分されるかを決定するのは，輸出入額がバランスするように決定される交易条件，つまり X, Y 商品の需要と供給を一致させるような国際均衡相対価格です。

表2-2　完全特化のときの生産量合計

（単位：労働者数，商品数）

	A 国	B 国	両国の生産量合計
商　品　X	170人＝2.125単位		2.125単位
商　品　Y		220人＝2.2単位	2.2単位

2　ヘクシャー＝オリーンの理論（要素賦存比率理論）

【比較生産費説（比較優位）と要素賦存比率理論（比較優位は何によって生まれる）】

「国際分業・貿易構造は何によって決まるのか：比較優位」といった問題をはじめて理論化したのはリカードであり，その理論は「比較生産費説」と呼ばれています。また，「諸国の能力・適性はどんな理由によって生じるのか：比較優位は何によって生まれるのか」といった問題をリカードも若干考えていたが，さらに別の面から理論的に精緻化したのはオリーンであり，その理論はその先駆者ヘクシャーの名とともに「ヘクシャー＝オリーンの理論」あるいは「要素賦存比率理論」と呼ばれています。

「比較生産費説」は，その名称から「生産面だけを考慮したものであり，需要面を考慮していない」と誤解されることがあるが，比較生産費説が取り上げている平均生産費は，需要と供給が均衡したときの価格を生産面から見ただけのことであるので，需要面がないと見るのは誤っています。比較生産費説は需要と供給の両面を取り上げているので，供給面だけを考慮していると誤解されないようにするためには，「比較優位理論」と呼ぶほうがよく，一方で比較生

産費説は古典的比較優位理論と呼ばれ、他方でヘクシャー＝オリーンの理論（要素賦存比率理論）は近代的比較優位理論と呼ばれています。

【ヘクシャー＝オリーンの理論：資本（労働）豊富国は資本（労働）集約的商品に比較優位】

「比較生産費の差がなぜ生じるのか」、「比較優位は何によって生まれるのか」といった問題について、はじめて体系的な研究を行ったのはヘクシャーであり、その線に沿って理論的に精緻化を行ったのがオリーンです。

ヘクシャー＝オリーンの理論（要素賦存比率理論）によれば、生産技術と需要パターンは同一であるが、資本と労働の存在量の比率（生産要素賦存比率）が相違しているA、Bの2国について、A国が相対的に資本が豊富であれば、資本レンタルが貨幣賃金率より相対的に安く、それゆえ安価な資本を大量に集約的に利用する商品（資本集約的商品）に比較優位をもち、逆に、B国が相対的に労働が豊富であれば、貨幣賃金率が資本レンタルより相対的に安く、それゆえ安価な労働を大量に集約的に利用する商品（労働集約的商品）に比較優位をもっています。

【要素賦存比率理論：労働配分比率は要素賦存比率と資本集約性から決定】

X商品は労働集約的、Y商品は資本集約的であるとしましょう。生産要素の完全雇用・完全利用を前提にすれば、

1国全体の労働存在量＝X産業の労働需要＋Y産業の労働需要

1国全体の資本存在量＝X産業の資本需要＋Y産業の資本需要

であるので、1国全体の資本対労働賦存比率（要素賦存比率：$\dfrac{資本存在量}{労働存在量}$）は、

$$1国全体の\left(\dfrac{資本存在量}{労働存在量}\right) = \dfrac{(X産業の資本需要＋Y産業の資本需要)}{(労働存在量)}$$

$$= \left\{\dfrac{(X産業の資本需要)}{(X産業の労働需要)}\right\}\left\{\dfrac{(X産業の労働需要)}{(労働存在量)}\right\}$$

$$+ \left\{\dfrac{(Y産業の資本需要)}{(Y産業の労働需要)}\right\}\left\{\dfrac{(Y産業の労働需要)}{(労働存在量)}\right\}$$

です。$\left\{\dfrac{(X産業の資本需要)}{(X産業の労働需要)}\right\}$、$\left\{\dfrac{(Y産業の資本需要)}{(Y産業の労働需要)}\right\}$ はそれぞれX産業

の資本集約性，Y産業の資本集約性です。

$\left\{\dfrac{(X産業の労働需要)}{(労働存在量)}\right\}$，$\left\{\dfrac{(Y産業の労働需要)}{(労働存在量)}\right\}$ はそれぞれX産業への労働配分比率，Y産業への労働配分比率であり，総労働のうちX産業，Y産業へ配分される割合をそれぞれ示しています。

　　　　Y産業への労働配分比率＝1－X産業への労働配分比率

であるので，

　　　　要素賦存比率＝(X産業の資本集約性)×(X産業への労働配分比率)
　　　　　　　　　　＋(Y産業の資本集約性)×(1－X産業への労働配分比率)

であり，要素賦存比率は，X産業の資本集約性，Y産業の資本集約性の加重平均です。第1に1国全体の資本対労働賦存比率(要素賦存比率：$\dfrac{資本存在量}{労働存在量}$)が与えられ，第2に要素相対価格 $\left(\dfrac{貨幣賃金率}{資本レンタル}\right)$ を所与とすれば，X，Y産業の資本集約性 $\left(\dfrac{資本需要}{労働需要}\right)$ が決まるので，したがってX，Y産業への労働配分比率(総労働のうちX産業，Y産業へ配分される割合)が決定されます。

【要素賦存比率理論の前提】

要素賦存比率理論の前提は以下のものです。
① 2国，2商品，2生産要素の世界です。
② 商品市場，生産要素市場は完全で，完全競争が支配しています。
③ 労働は完全雇用，資本は完全利用されています。
④ 両国で生産関数は同一であり，しかも規模に関して収穫不変であって，2生産要素は不可欠です。
⑤ 2商品産業の要素集約性 $\left(\dfrac{資本需要}{労働需要}\right)$ の逆転はなしです。
⑥ 生産要素は国内では自由に移動するが国際的には移動しません。
⑦ 自然的・人為的貿易障害(運送費，関税など)はなしです。
⑧ 両国で需要パターンが同一ないしほぼ同一です。
⑨ 不完全特化です。

【要素賦存比率理論の命題】

　A,Bの2国で,第1にX産業の生産技術(要素相対価格と資本集約性の関係),Y産業の生産技術がそれぞれ共通であり,第2に商品相対価格$\left(\dfrac{X商品の価格}{Y商品の価格}\right)$と要素相対価格$\left(\dfrac{貨幣賃金率}{資本レンタル}\right)$の関係が共通であり,第3に$X$,$Y$産業へのそれぞれの労働配分比率が同一であり($X$,$Y$商品に対するそれぞれの需要パターンが同一であり),第4に要素賦存比率が異なっているとしましょう。そうすると,2国のX,Y商品の生産量は異なり,要素相対価格は異なります。つまり,資本豊富な国(A国)の方が資本レンタルが相対的に安く,貨幣賃金率が相対的に高くなります。逆に,労働豊富な国(B国)の方が貨幣賃金率が相対的に安く,資本レンタルが相対的に高くなります。商品相対価格と要素相対価格の間に1対1の対応関係があり,労働豊富な国(B国)のX商品(労働集約的商品)が相対的に安く比較優位をもち,資本豊富な国(A国)のY商品(資本集約的商品)が相対的に安く比較優位をもっています。

　かくて,次の要素賦存比率理論の命題が成り立ちます。すなわち,「資本豊富国では資本レンタルが相対的に安く,資本集約的商品に比較優位をもち,他方労働豊富国では貨幣賃金率が相対的に安く,労働集約的商品に比較優位をもつ。つまり,各国は自国に豊富に存在する生産要素を集約的に用いる商品に比較優位をもつ。」

3　レオンティエフの逆説

【レオンティエフの逆説】

　ヘクシャー＝オリーンの理論(要素賦存比率理論)に対して,レオンティエフは,1947年の米国の産業連関表を用いて,資本の豊富な米国が労働集約的商品を輸出し,資本集約的商品を輸入しているという通念とは異なる結果を見い出し,それは要素賦存比率理論の命題とは正反対であるので,「レオンティエフの逆説」と呼ばれるようになりました。レオンティエフは,資本豊富国とみ

なされている米国は労働豊富国とみなされている国の労働者に比べてほぼ3倍能率が高いという意味で，米国は相対的に労働が豊富であると指摘することによって，レオンティエフの逆説の理由付けを行っています。

4 要素価格均等化命題

【要素価格均等化命題】
　要素賦存比率理論によって，労働豊富国はX商品（労働集約的商品），資本豊富国はY商品（資本集約的商品）にそれぞれ比較優位をもって輸出し合うと，均衡において，両国の商品相対価格 $\left(\dfrac{X商品の価格}{Y商品の価格}\right)$ は一致して交易条件となり，それに対応して要素相対価格 $\left(\dfrac{貨幣賃金率}{資本レンタル}\right)$ も両国共通になります。つまり，労働豊富国は労働集約的商品を輸出するため生産を増やすので貨幣賃金率は相対的に高くなり，逆に資本豊富国は資本集約的商品を輸出するため生産を増やすので資本レンタルは相対的に高くなり，要素相対価格 $\left(\dfrac{貨幣賃金率}{資本レンタル}\right)$ は貿易開始後均等化することになります。

　さらには，共通の要素相対価格 $\left(\dfrac{貨幣賃金率}{資本レンタル}\right)$ が与えられると，X商品，Y商品それぞれの資本集約性 $\left(\dfrac{資本需要}{労働需要}\right)$ は2国で共通となります。資本集約性が両国で共通であるので，資本の限界生産力と労働の限界生産力は両国で共通です。利潤極大化条件より，

$$実質賃金率 = \dfrac{資本賃金率}{商品価格} = 労働の限界生産力$$

$$実質資本レンタル = \dfrac{資本レンタル}{商品価格} = 資本の限界生産力$$

であるので，貨幣賃金率と資本レンタルは両国で共通となります。つまり，要素価格は絶対的にも均等化します。

5　特殊的要素理論

【ヘクシャー＝オリーンの理論（要素賦存比率理論）vs. 特殊的要素理論】

　ヘクシャー＝オリーンの理論（要素賦存比率理論）は比較優位の発生因を解明する１つの理論であり，それはどの国にも共通に存在するような生産要素（一般的生産要素）の存在比率を問題としているが，特殊的要素理論は各国に特殊的に存在する生産要素（特殊的生産要素）や生産技術を問題としています。

【比較生産費差の発生原因：リカード vs. ハロッド】

　比較生産費差の発生原因について，リカードは機械の優劣，熟練の優劣を挙げています。ハロッド（R.F.Harrod）は，特殊的要素として，次の４つを挙げています。

① 　天然資源・気候

　これは自然的環境の差です。

② 　人口分布の不均等

　これは労働者数の差です。

③ 　人間能力差（手先の器用，科学能力，気力および企業心のような天賦の人種的性格にもとづくもの，また政治的・社会的構造にもとづくもの）

　これは労働の質の差です。政治的・社会的構造は社会組織に対する人種的能力の結果であるか，または歴史的偶然の全連鎖の結果です。

④ 　過去の遺産（設備：工場および鉄道，組織，特殊知識および有用な慣習）

　これは物的資本だけでなく知的資本を含めた広義の資本の差です。

第3章 経済成長の貿易・交易条件への影響

【経済成長の貿易への影響：供給面における影響 vs. 需要面における影響】

　生産要素存在量の増大や技術進歩によって，経済は成長します。経済成長が貿易へどのような影響を与えるのかを学びましょう。経済成長の貿易への影響は，供給面における影響（生産可能性の増大：生産効果）と需要面における影響（国民所得の増大による消費支出の増大：消費効果）に分けられます。供給面（生産面）からの経済成長の貿易への影響は，経済成長によって，2つの商品の生産が同じ比率で増大するのか，2つの商品のうち1つの商品の生産がより多く増大するのかに依存しています。需要面（消費面）からの経済成長の貿易への影響は，経済成長による国民所得の増大によって，2つの商品に対する需要が同じ比率で増大するのか，2つの商品のうち1つの商品の需要がより多く増大するのかに依存しています。

【経済成長の貿易への影響：総合効果＝生産効果＋消費効果】

　「輸入＝輸入可能商品の需要－国内生産」であり，経済成長の貿易への総合効果は，供給面における影響（生産可能性の増大：国内生産）と需要面における影響（国民所得の増大による消費支出の増大：輸入可能商品の需要）の2つの合計です。

【X商品は労働集約的・輸出可能商品，Y商品は資本集約的・輸入可能商品】

　X商品は労働集約的商品，Y商品は資本集約的商品であるとしましょう。また，X商品は輸出可能商品，Y商品は輸入可能商品であるとしましょう。経済成長に伴って，輸出産業がより成長するのか，輸入競合産業がより成長するのか，需要がどのように変化するのかによって一国の経済成長の貿易への影響は異なります。

第1部　国際貿易論

1　経済成長の貿易への影響：生産効果（生産要素）

【生産可能性の増大をもたらす要因】

　生産可能性の増大をもたらす要因には，生産要素存在量が何らかの理由によって増大することと技術進歩の2つがあります。2つの生産要素のうち1つだけが増大する場合を取り上げたのが「リプチンスキー定理」です。

(1)　リプチンスキー定理

【リプチンスキー定理】

　いま1生産要素の存在量，たとえば労働の存在量が何らかの理由により増加すると，労働市場で超過供給が生じ，貨幣賃金率は下落するでしょう。しかし，要素相対価格 $\left(\dfrac{貨幣賃金率}{資本レンタル}\right)$ 不変の仮定を置くと，下落した貨幣賃金率を元の水準に引き上げるには，労働を集約的に利用するX商品の生産量を増大させて，労働需要を増やし，労働市場の超過供給を解消しなければなりません。しかし，X商品の生産には労働だけでなく資本も必要であるから，増加した労働をX産業で吸収するためにはY産業から資本を引き抜かなければならず，資本集約的Y商品の生産量は減少します。

　かくて，ある生産要素（ここでは労働）の存在量だけが増加すると，その生産要素を集約的に利用している商品（X商品）の生産量は増大するが，不変である他の生産要素（ここでは資本）を集約的に利用している商品（Y商品）の生産量は減少します。「労働存在量だけが増大するとき，労働集約的商品Xの生産量は増加し，資本集約的商品Yの生産量は減少する。逆に，資本存在量だけが増大するとき，資本集約的商品Yの生産量は増加し，労働集約的商品Xの生産量は減少する。」は「リプチンスキー定理」と呼ばれています。

【輸出可能商品生産増大・輸入可能商品生産減少は「超順貿易偏向」，輸出可能商品生産減少・輸入可能商品生産増大は「超逆貿易偏向」】

　いま労働を集約的に利用するX商品を輸出可能商品，資本を集約的に利用するY商品を輸入可能商品であるとしましょう。いま労働存在量が増加すると，

労働を集約的に利用するX商品（輸出可能商品）の生産量が増加し，資本を集約的に利用するY商品（輸入可能商品）の生産量が減少します。逆に，資本存在量が増加すると，労働を集約的に利用するX商品（輸出可能商品）の生産量が減少し，資本を集約的に利用するY商品（輸入可能商品）の生産量が増加します。

要素相対価格$\left(\dfrac{貨幣賃金率}{資本レンタル}\right)$・商品相対価格$\left(\dfrac{X商品の価格}{Y商品の価格}\right)$が不変のもとでは，労働だけが増加する場合，輸出可能商品Xの生産量が増大し，輸入可能商品Yの生産量が減少し，それは「超順貿易偏向」的生産効果と呼ばれています。他方，資本だけが増加する場合，輸出可能商品Xの生産量が減少し，輸入可能商品Yの生産量が増大し，それは「超逆貿易偏向」的生産効果と呼ばれています。

図3－1 「超順貿易偏向」vs.「超逆貿易偏向」：生産効果

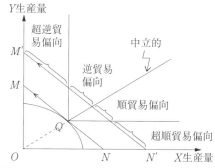

出所：天野明弘・渡部福太郎編『国際経済論』3－9図（p.112）より。

(2) リプチンスキー定理の拡張

【リプチンスキー定理の拡張：1つだけの生産要素から2つの生産要素への拡張】

リプチンスキー定理は2つの生産要素（労働，資本）のうち1つだけが増大する場合を取り上げています。以下では，2つの生産要素がいろいろの比率で増大する場合を取り上げます。

国民純生産(国民所得) = (X商品の価格) × (X商品の生産量)
　　　　　　　　　　　+ (Y商品の価格) × (Y商品の生産量)

と定義しましょう。

① 労働存在量と資本存在量がX(労働集約,輸出可能)商品産業の資本集約性 $\left(\dfrac{資本需要}{労働需要}\right)$ と同じ比率で増加するケース:「順貿易偏向」的生産効果

労働存在量と資本存在量がX商品産業の資本集約性と同じ比率で増加するとき,労働集約的商品Xの生産量は増加し,資本集約的商品Yの生産量は不変です。経済成長(生産要素の増大)により,輸出可能商品Xの生産量は増加,輸入可能商品Yの生産量は不変であるので,経済成長は「順貿易偏向」的生産効果をもっています。

② 労働存在量と資本存在量が要素賦存比率と同じ比率で増加するケース:「中立」的生産効果

労働存在量と資本存在量が要素賦存比率と同じ比率で増加する,つまり要素賦存比率が経済成長(生産要素の増大)の前後において不変にとどまるとき,労働集約的商品Xの生産量,資本集約的商品Yの生産量はともに増加し,しかも,商品X,Yの生産量は同じ比率で増加します。経済成長により,輸出可能商品Xと輸入可能商品Yの生産量が同じ比率で増加しているので,経済成長は「中立」的生産効果をもっています。商品X生産量の増加率と商品Y生産量の増加率が等しい場合には,国民純生産(国民所得)の増加率も等しく,「(輸入可能商品生産の変化率)÷(国民純生産の変化率)」を「輸入可能商品生産の産出高弾力性」と呼べば,「中立」的生産効果は輸入可能商品生産の産出高弾力性の値が1に等しいときに生じます。

③ 労働存在量と資本存在量がY商品産業の資本集約性 $\left(\dfrac{資本需要}{労働需要}\right)$ と同じ比率で増加するケース:「逆貿易偏向」的生産効果

労働存在量と資本存在量がY商品産業の資本集約性と同じ比率で増加するとき,資本集約的商品Yの生産量は増加し,労働集約的商品Xの生産量は不変です。経済成長(生産要素の増大)により,輸出可能商品Xの生産量は不変,輸入可能商品Yの生産量は増加であるので,経済成長は「逆貿易偏向」的生産

効果をもっています。

(3) 特殊的要素理論
【経済成長：一般的生産要素 vs. 特殊的生産要素】

X商品産業とY商品産業の2つの産業を考えます。一般的生産要素はX商品産業，Y商品産業のいずれでも用いることができ，両産業間を移動可能です。特殊的生産要素はX商品産業，Y商品産業のいずれでしか用いることができません。

① X, Y産業のいずれでも用いることができる一般的生産要素が増加するケース

X, Y産業のいずれでも用いることができる一般的生産要素が増加するとき，商品Xの生産量と商品Yの生産量はともに増加します。

② X商品産業にだけ用いられる特殊的生産要素が増加するケース

X商品産業にだけ用いられる特殊的生産要素の存在量が何らかの理由によって増加するとき，商品Xの生産量は増加し，商品Yの生産量は絶対的に減少します。

③ Y商品産業にだけ用いられる特殊的生産要素が増加するケース

Y商品産業にだけ用いられる特殊的生産要素の存在量が何らかの理由によって増加するとき，商品Yの生産量は増加し，商品Xの生産量は絶対的に減少します。

2　経済成長の貿易への影響：生産効果（技術進歩）

【技術進歩のタイプによる経済成長の貿易への影響】

技術進歩は，一面においては新製品の出現という形をとり，他面においてはすでに存在している商品の生産技術の進歩の形をとります。ここでは，生産技術の進歩だけを取り上げるが，技術進歩には3つのタイプがあります。すなわち，技術進歩によって，一定量の生産要素（労働，資本）がより多くの生産物（商品）を産出することが可能になります。利潤極大化の行動のもとでは，要

第1部　国際貿易論

素相対価格 $\left(\dfrac{貨幣賃金率}{資本レンタル}\right)$ が与えられると資本集約性 $\left(\dfrac{資本需要}{労働需要}\right)$ が定まります。技術進歩が生じた後の要素相対価格が技術進歩が生じる前の要素相対価格と同じ値であるとして、技術進歩が資本集約性を不変にとどめるのか、上昇させるのか、低下させるのかによって、技術進歩は次の3つのタイプに分けられます。

① 中立的技術進歩

要素相対価格 $\left(\dfrac{貨幣賃金率}{資本レンタル}\right)$ 不変のもとで、最適資本集約性 $\left(\dfrac{資本需要}{労働需要}\right)$ を変化させない技術進歩は「中立的技術進歩」と呼ばれています。

② 労働節約的技術進歩

要素相対価格 $\left(\dfrac{貨幣賃金率}{資本レンタル}\right)$ 不変のもとで、最適資本集約性 $\left(\dfrac{資本需要}{労働需要}\right)$ を高める技術進歩は「労働節約的技術進歩」と呼ばれています。

③ 資本節約的技術進歩

要素相対価格 $\left(\dfrac{貨幣賃金率}{資本レンタル}\right)$ 不変のもとで、最適資本集約性 $\left(\dfrac{資本需要}{労働需要}\right)$ を低める技術進歩は「資本節約的技術進歩」と呼ばれています。

【労働集約的商品X産業における3つのタイプの技術進歩】

X商品は労働集約的商品、Y商品は資本集約的商品であるとしましょう。また、X商品は輸出可能商品、Y商品は輸入可能商品であるとしましょう。経済成長の貿易への影響は、技術進歩のタイプによって、2つの商品（X, Y）の生産が同じ比率で増大するのか、2つの商品のうち1つの商品の生産がより多く増大するのかに依存しています。

① 中立的技術進歩

いま労働集約的商品X産業だけにおいて中立的技術進歩が生じたとしましょう。要素相対価格不変のもとでは、Xの平均生産費したがってXの価格は、中立的技術進歩の前より安くなっています。商品相対価格不変のもとでは、相対的に安くなったXの価格を元の水準に戻すためには、X産業は労働集約的であるから、労働需要を増大させて貨幣賃金率を資本レンタルより高くしなければならず、これはY産業から労働を引き抜くことになり、Y商品の生産量を減少させます。要素相対価格 $\left(\dfrac{貨幣賃金率}{資本レンタル}\right)$ が上昇すれば、商品相対価格は中

立的技術進歩前と同じ水準に戻り，技術進歩により，商品相対価格と要素相対価格の間の関係は，技術進歩前とは異なった値の1対1の対応をすることになります。要素相対価格の上昇はX，Y産業の最適資本集約性 $\left(\dfrac{資本需要}{労働需要}\right)$ を高め，X商品の生産量を増大させ，Y商品の生産量を減少させます。輸出可能商品Xの生産量増大，輸入可能商品Yの生産量減少は「超順貿易偏向」的生産効果をもっています。

② 労働節約的技術進歩

いま労働集約的商品X産業だけにおいて労働節約的技術進歩が生じたとしましょう。中立的技術進歩の場合と同様に，X，Y産業の最適資本集約性 $\left(\dfrac{資本需要}{労働需要}\right)$ を高め，X商品の生産量を増大させ，Y商品の生産量を減少させます。輸出可能商品Xの生産量増大，輸入可能商品Yの生産量減少は「超順貿易偏向」的生産効果をもっています。

③ 資本節約的技術進歩

いま労働集約的商品X産業だけにおいて資本節約的技術進歩が生じたとしましょう。このとき，X産業の最適資本集約性を低め，場合によっては，Y産業の最適資本集約性を高めることがあり，技術進歩の生じたX産業の生産量は増加するが，Y産業の生産量が増加するかどうかは不明です。

【資本集約的商品Y産業おける3つのタイプの技術進歩】

X商品は労働集約的商品，Y商品は資本集約的商品であるとしましょう。また，X商品は輸出可能商品，Y商品は輸入可能商品であるとしましょう。経済成長の貿易への影響は，技術進歩のタイプによって，2つの商品（X，Y）の生産が同じ比率で増大するのか，2つの商品のうち1つの商品の生産がより多く増大するのかに依存しています。

① 中立的技術進歩

いま資本集約的商品Y産業だけにおいて中立的技術進歩が生じたとしましょう。要素相対価格不変のもとでは，Yの平均生産費したがってYの価格は，中立的技術進歩の前より安くなっています。商品相対価格不変のもとでは，相対的に安くなったYの価格を元の水準に戻すためには，Y産業は資本集約的であ

るから，資本需要を増大させて資本レンタルを貨幣賃金率より高くしなければならず，これはX産業から資本を引き抜くことになり，X商品の生産量を減少させます。要素相対価格価格 $\left(\dfrac{貨幣賃金率}{資本レンタル}\right)$ が低下すれば，商品相対価格は中立的技術進歩前と同じ水準に戻り，技術進歩により，商品相対価格と要素相対価格の間の関係は，技術進歩前とは異なった値の1対1の対応をすることになります。要素相対価格の下落はX，Y産業の最適資本集約性 $\left(\dfrac{資本需要}{労働需要}\right)$ を低め，X商品の生産量を減少させ，Y商品の生産量を増大させます。輸出可能商品Xの生産量減少，輸入可能商品Yの生産量増大は「超逆貿易偏向」的生産効果をもっています。

② 労働節約的技術進歩

いま資本集約的商品Y産業だけにおいて労働節約的技術進歩が生じたとしましょう。このとき，X産業の最適資本集約性を低め，場合によってはY産業の最適資本集約性を高めることがあり，技術進歩の生じたY産業の生産量は増加するが，X産業の生産量が増加するかどうかは不明です。

③ 資本節約的技術進歩

いま資本集約的商品Y産業だけにおいて資本節約的技術進歩が生じたとしましょう。中立的技術進歩の場合と同様に，X，Y産業の最適資本集約性 $\left(\dfrac{資本需要}{労働需要}\right)$ を低め，X商品の生産量を減少させ，Y商品の生産量を増大させます。輸出可能商品Xの生産量減少，輸入可能商品Yの生産量増大は「超逆貿易偏向」的生産効果をもっています。

3　経済成長の貿易への影響：消費効果

【経済成長の貿易への影響：需要面（消費面）】

需要面（消費面）からの，経済成長の貿易への影響は，経済成長による国民所得の増大によって，2つの商品に対する需要が同じ比率で増大するのか，2つの商品のうち1つの商品の需要がより多く増大するのかに依存しています。

【国民所得増大の輸入可能商品需要への影響:輸入可能商品需要の所得弾力性】

X商品は輸出可能商品,Y商品は輸入可能商品であるとしましょう。不変の商品相対価格のもとで,経済成長により国民所得が増大するとしましょう。「(輸入可能商品Y需要の変化率)÷(国民所得の変化率)」を「輸入可能商品需要の所得弾力性」と呼ぶことにします。

① 輸入可能商品需要の所得弾力性>1のとき

経済成長により国民所得が増大するとき,Y商品(輸入可能商品)需要は増大します。このとき,需要面で輸入を増大させるので,「(超)順貿易偏向」的消費効果をもっていると呼ばれています。

② 輸入可能商品需要の所得弾力性=1のとき

輸入可能商品需要の所得弾力性が1であるとき,経済成長により国民所得が増大すると,X,Yの2つの商品の消費割合を不変に保つように,X,Yの2つの商品の消費は増大します。これは「中立」的消費効果と呼ばれています。

図3-2 「超順貿易偏向」vs.「超逆貿易偏向」:消費効果

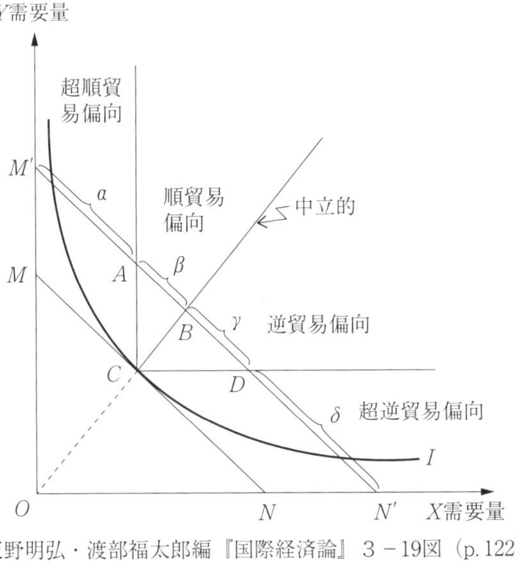

出所:天野明弘・渡部福太郎編『国際経済論』3-19図(p.122)より。

③ 輸入可能商品需要の所得弾力性＜0のとき

経済成長により国民所得が増大するとき，Y商品（輸入可能商品）需要は減少します。このとき，需要面で輸入を減少させるので，「超逆貿易偏向」的消費効果をもっていると呼ばれています。

4 経済成長・交易条件の貿易への影響：ジョンソンの基本方程式

ジョンソンの基本方程式は，自国・外国の経済成長率，交易条件の改善・悪化が貿易収支（自国輸出入比率）へどのような影響を及ぼすかを明らかにしています。

【「ジョンソンの基本方程式」】

$$\text{自国輸出入比率} = \left(\frac{\text{自国の輸出額}}{\text{自国の輸入額}}\right)$$

$$= \frac{\{(\text{自国商品価格}) \times (\text{自国の輸出量})\}}{\{(\text{外国商品価格}) \times (\text{自国の輸入量})\}}$$

$$= \left\{\left(\frac{\text{自国商品価格}}{\text{外国商品価格}}\right)\right\} \times (\text{自国の輸出量}) \div (\text{自国の輸入量})$$

$$= (\text{交易条件}) \times (\text{外国の輸入量}) \div (\text{自国の輸入量})$$

であり，

自国輸出入比率の変化率版を求めると（対数をとって，時間について微分すると），

$$\text{自国輸出入比率の変化率} = (\text{交易条件の変化率}) + (\text{外国輸入量の変化率})$$
$$- (\text{自国輸入量の変化率})$$

が得られます。外国輸入量，自国輸入量が実質所得 $\left(\dfrac{\text{貨幣所得}}{\text{商品価格}}\right)$，交易条件 $\left\{\left(\dfrac{\text{自国商品価格}}{\text{外国商品価格}}\right)\right\}$ によって決定されるとすれば，

(外国輸入量の変化率)
$$= (\text{外国輸入需要の所得弾力性}) \times (\text{外国実質所得の変化率})$$
$$- (\text{外国輸入需要の価格弾力性}) \times (\text{交易条件の変化率})$$

第3章　経済成長の貿易・交易条件への影響

　　（自国輸入量の変化率）
　　　＝（自国輸入需要の所得弾力性）×（自国実質所得の変化率）
　　　　＋（自国輸入需要の価格弾力性）×（交易条件の変化率）

と特定化され，

　　自国輸出入比率の変化率
　　　＝（外国輸入需要の所得弾力性）×（外国実質所得の変化率）
　　　　－（自国輸入需要の所得弾力性）×（自国実質所得の変化率）
　　　　＋｛1－（外国輸入需要の価格弾力性）－（自国輸入需要の価格弾力性）｝
　　　　　×（交易条件の変化率）

が得られ，これは「ジョンソンの基本方程式」と呼ばれています。右辺の第1項，第2項は所得効果，第3項は価格効果をそれぞれ示しています。「｛1－（外国輸入需要の価格弾力性）－（自国輸入需要の価格弾力性）｝＜0」は外国為替市場が安定であるためのマーシャル＝ラーナーの条件です。

【ジョンソンの基本方程式のインプリケーション：経済成長率・交易条件の貿易収支への影響】

　ジョンソンの基本方程式は，自国・外国の経済成長率，交易条件の改善・悪化が貿易収支へどのような影響を及ぼすかを示しています。

① 生産性の上昇がすべて実質所得の増大に表れ，価格は変化しないケース

　生産性が向上すると，生産量が拡大して実質所得は増大します。外国輸入需要の所得弾力性と自国輸入需要の所得弾力性が等しければ，かつ価格が変化しなければ（つまり，交易条件の変化率＝0）であれば，

　　自国輸出入比率の変化率
　　　＝（外国輸入需要・自国輸入需要の所得弾力性）
　　　　｛（外国実質所得の変化率）－（自国実質所得の変化率）｝

であるので，「外国実質所得の変化率＞自国実質所得の変化率」のとき「自国輸出入比率の変化率＞0」，つまり自国の貿易収支は黒字となり，逆に「外国実質所得の変化率＜自国実質所得の変化率」のとき「自国輸出入比率の変化率＜0」，つまり自国の貿易収支は赤字となります。

② 生産性の上昇がすべて価格低下に表れ，実質所得は変化しないケース

　生産性が向上すると，自国生産費（自国商品価格）が低下し，交易条件 $\left(\dfrac{自国商品価格}{外国商品価格}\right)$ が悪化して，対外競争力が強化されます。実質所得が変化しなければ，つまり自国実質所得・外国実質所得の変化率がゼロであれば，

　　自国輸出入比率の変化率
　　　＝（外国輸入需要の所得弾力性）×（外国実質所得の変化率）
　　　　－（自国輸入需要の所得弾力性）×（自国実質所得の変化率）
　　　　＋｛1－（外国輸入需要の価格弾力性）－（自国輸入需要の価格弾力性）｝
　　　　　×（交易条件の変化率）
　　　＝｛1－（外国輸入需要の価格弾力性）－（自国輸入需要の価格弾力性）｝
　　　　×（交易条件の変化率）

です。｛1－（外国輸入需要の価格弾力性）－（自国輸入需要の価格弾力性）｝は外国為替市場が安定であるためのマーシャル＝ラーナーの条件よりマイナスです。「交易条件＝$\dfrac{自国商品価格}{外国商品価格}$」であるので，

　　（交易条件の変化率）＝（自国商品価格の変化率）－（外国商品価格の変化率）

です。「自国商品価格の下落率の絶対値＞外国商品価格の下落率の絶対値」つまり「（交易条件の変化率）＜0」のとき，交易条件は悪化し，「自国輸出入比率の変化率＞0」つまり自国の貿易収支は改善します。逆に「自国商品価格の下落率の絶対値＜外国商品価格の下落率の絶対値」「（交易条件の変化率）＞0」のとき，交易条件は改善し，「自国輸出入比率の変化率＜0」つまり自国の貿易収支は悪化します。

【自国の経済成長と貿易収支：ジョンソンの基本方程式】

　　自国輸出入比率の変化率
　　　＝（外国輸入需要の所得弾力性）×（外国実質所得の変化率）
　　　　－（自国輸入需要の所得弾力性）×（自国実質所得の変化率）
　　　　＋｛1－（外国輸入需要の価格弾力性）－（自国輸入需要の価格弾力性）｝
　　　　　×（交易条件の変化率）

において，「外国輸入需要の所得弾力性が高いとき」，「高度成長による自国商品価格低下によって交易条件が悪化するとき」，自国の高度成長は必ずしも自

国の貿易収支を悪化させるものではありません。

5　経済成長の交易条件への影響：ジョンソンの基本方程式

【ジョンソンの基本方程式のインプリケーション：経済成長の交易条件への影響】

　ジョンソンの基本方程式は，自国・外国の経済成長率が交易条件へどのような影響を及ぼすかを明らかにしています。

　「自国輸出入比率の変化率＝０（貿易収支均衡）」のとき，ジョンソンの基本方程式は，

　　０＝｛(外国輸入需要の所得弾力性)×(外国実質所得の変化率)
　　　　－(自国輸入需要の所得弾力性)×(自国実質所得の変化率)｝
　　　＋｛１－(外国輸入需要の価格弾力性)－(自国輸入需要の価格弾力性)｝
　　　　×(交易条件の変化率)

です。「｛１－(外国輸入需要の価格弾力性)－(自国輸入需要の価格弾力性)｝＜０」であるので，「｛(外国輸入需要の所得弾力性)×(外国実質所得の変化率)－(自国輸入需要の所得弾力性)×(自国実質所得の変化率)｝＞０」のとき，(交易条件の変化率)＞０です。つまり，所得効果によって，貿易収支が改善する傾向にあるならば，交易条件は改善します。交易条件の改善によって，価格面から貿易収支を赤字化させ，貿易収支の均衡が保たれます。逆に，「｛(外国輸入需要の所得弾力性)×(外国実質所得の変化率)－(自国輸入需要の所得弾力性)×(自国実質所得の変化率)｝＜０」のとき，(交易条件の変化率)＜０です。つまり，所得効果によって，貿易収支が悪化する傾向にあるならば，交易条件は悪化します。交易条件の悪化によって，価格面から貿易収支を黒字化させ，貿易収支の均衡が保たれます。

6　経済成長の交易条件への影響：窮乏化成長

　低開発国は主として一次産品（農産物，鉱石など）を輸出しているが，長期的にみると，一次産品の価格は低下する傾向があり，低開発国の交易条件つまり $\left(\frac{\text{輸出物価水準}}{\text{輸入物価水準}}\right)$ は長期的に低下傾向にあります。

　経済成長の高まりによって交易条件が悪化すると，社会的満足度（経済厚生）が経済成長前の水準以下になり，経済成長の努力が無になってかえって窮乏化成長となることがあります。窮乏化成長を避けるためには，経済成長率が十分に大きいこと，そして逆貿易偏向的成長効果つまり輸入代替（工業化：幼稚産業保護）を行うことが必要です。

第4章 貿易政策：自由貿易 vs. 保護貿易

【貿易政策をめぐる論争：自由貿易 vs. 保護貿易】

　自由貿易は国際貿易体制の運営原理のひとつであり，自由貿易モデルは国際貿易を理解するための基礎的な理論モデルです。自由貿易は，一定の条件の下において，世界の生産資源の効率的な（無駄のない）配分を達成し，これは「自由貿易命題」と呼ばれています。自由貿易モデルは経済活動に対するいっさいの公的干渉を捨象した純然たる理念型であるが，実際の国際貿易は決して「自由貿易」ではなく，各国の「保護貿易政策」を受け，自由貿易モデルの諸仮定は必ずしも現実的なものではありません。

【「貿易政策 vs. 国内政策」と「価格面の政策手段 vs. 数量面の政策手段」】

　政府が行うさまざまな経済介入のうち，直接国際貿易に関連するものは「貿易政策」，そうでないものは「国内政策」とそれぞれ呼ばれています。貿易政策，国内政策はともに国際貿易に影響を与えうるので，どちらの手段を用いるべきか，すなわちどちらが政策目標達成のためにロスが少なくてすむか比較考量することが必要です。

　貿易政策と国内政策はともに価格面の政策手段，数量面の政策手段からなり，輸入税（輸入補助金）や輸出税（輸出補助金）は価格面の貿易政策手段，輸入量・輸出量の直接的制限は数量面の貿易政策手段です。消費・生産に対する課税（補助金）は価格面の国内政策手段，消費・生産に対する数量制限は数量面の国内政策手段です。価格面の政策手段は個々の生産者・消費者の間に差別を設けるものではないので「間接的な統制手段」，数量面の政策手段は個々の生産者・消費者の間に差別を設けるので「直接的な統制手段」とそれぞれ呼ばれています。

第1部　国際貿易論

【貿易政策：関税政策 vs. 非関税貿易障壁】

　輸入税（輸入補助金）・輸出税（輸出補助金）は「関税政策」，輸入割当制，輸入許可制，輸出規制，為替管理，さらには複数為替相場等の制度的慣行は「非関税貿易障壁」とそれぞれ呼ばれています。貿易政策の中で，理論的にも実際的にもとりわけ重要なのは関税政策です。

1　関税政策と貿易政策

　生産資源は完全雇用の状態にあり，各市場は完全競争市場であり，商品輸送コストがゼロであることを前提として，2つの国，2つの商品を取り上げましょう。関税は商品の輸出入に課される租税であり，課税標準を量にする従量税と価格にする従価税の2つのタイプがあります。

(1) **最適関税の理論**

【最適関税率：高い関税率 vs. 低い関税率】

　第1商品を輸出商品，第2商品を輸入商品とし，自国が外国から輸入する第2商品に対して$t \times 100\%$の従価税を課すとしましょう。関税（従価税）を課すと，第2商品（輸入商品）の国内価格p_2は外国価格p_2^*より$t \times 100\%$だけ高くなります。第1商品の国内価格p_1と外国価格p_1^*は同じであるので，$p = \dfrac{p_2}{p_1}$＝国内相対価格，$p^* = \dfrac{p_2^*}{p_1^*}$＝外国相対価格とすると，

$$p = (1+t)p^*$$

です。

　自国が輸入関税を課すと，自国の相対価格は外国の相対価格に対して上昇します。一方で自国の第2商品（輸入商品）の生産は増大し，他方で自国の第2商品の需要はもっぱら代替効果により減少するので，自国の第2商品の輸入需要は減少します。外国では状況に何らの変化がなく，輸出供給は変わらないので，世界における第2商品市場は超過供給の状態になり，p^*（$= \dfrac{p_2^*}{p_1^*} = $外国相対価格）は下落します。つまり，自国の交易条件（$\dfrac{1}{p^*}$）は改善（有利

化：「交易条件 $= \frac{自国商品価格}{外国商品価格}$」の上昇）します。他の条件が一定であれば，交易条件の有利化は自国の実質所得の増大につながるので，どの程度の輸入関税率がもっとも望ましいかという「最適関税」の問題が生じます。すなわち，輸入関税を課すと，自国の交易条件は有利化し，実質所得の増大につながるが，高すぎる輸入関税率を課すと，すべての輸入を排除し，自国は孤立状態に陥ってしまいます。孤立状態において達成可能な実質所得は自由貿易均衡における実質所得よりも小さいので，自由貿易と禁止的高関税という両極端の間に，自国の実質所得を最大にするような関税率が存在し，これは「最適関税率」と呼ばれています。

【輸入関税 vs. 自由貿易の下での国際的トランスファー：所得の再分配の効率性】

自国が輸入関税の賦課によって実質所得を高めることができるのは外国の犠牲においてです。自国が輸入関税を課すと，交易条件が自国に有利化，外国に不利化し，実質所得を外国から自国に再分配します。所得の再分配の効率性という視点からは，輸入関税は非効率的，自由貿易の下での国際的トランスファーは効率的です。

(2) 貿易政策の諸手段

【貿易政策：価格面の政策手段 vs. 数量面の政策手段】

第1商品を輸出商品，第2商品を輸入商品としましょう。輸入税（輸入補助金）や輸出税（輸出補助金）は価格面の貿易政策手段，輸入量・輸出量の直接的制限は数量面の貿易政策手段です。

【価格面の貿易政策手段：輸入税 vs. 輸入補助金】

輸入関税の第1商品（輸出商品）の供給・需要・輸出量・輸入量への影響を見ましょう。自国が第2商品（輸入商品）に輸入関税を課すと，外国での第2商品の均衡相対価格 $(p^* = \frac{p_2^*}{p_1^*})$ の逆数 $(\frac{1}{p^*} = \frac{p_1^*}{p_2^*}$：つまり第1商品の均衡相対価格）は上昇します。外国での第1商品の均衡相対価格 $(\frac{p_1^*}{p_2^*})$

が上昇すると，一方で外国の第1商品の供給は増大し，他方で外国の第1商品の需要は，第1商品が下級財でなければ，代替効果の点でも所得効果の点でもともに減少します。均衡においては，「自国の第1商品の輸出量＝外国の第1商品の輸入量」であり，輸入関税を課した後の新しい均衡では，外国の第1商品の輸入量，したがって自国の第1商品の輸出量は減少します。

　すなわち，第2商品に輸入税を課すと，自国の交易条件は有利化（「$\frac{輸出商品価格}{輸入商品価格}$」の上昇）し，自国の第1商品の輸出量は減少します。輸入に対する補助金（輸入関税の引き下げ）は輸入関税とはまったく逆の効果をもち，自国の交易条件を不利化（「$\frac{輸出商品価格}{輸入商品価格}$」の下落）し，自国の第1商品の輸出量は増大します。

【価格面の貿易政策手段：輸出税 vs. 輸入関税（ラーナーの「対称性定理」）】

　自国が外国へ輸出する第1商品に対して$t \times 100\%$の従価税を課すとしましょう。輸出税を課すと，第1商品の外国価格（国際価格）p_1^*は国内価格p_1より$t \times 100\%$だけ高くなります。第2商品の国内価格p_2と外国価格p_2^*は同じであるので，$p = \frac{p_2}{p_1} =$ 国内相対価格，$p^* = \frac{p_2^*}{p_1^*} =$ 外国相対価格とすると，

$$p = (1+t)p^*$$

です。これは輸入関税が課された場合の内外相対価格の関係とまったく同じものです。

　輸出税は，それと同率の輸入関税が課せられた場合とまったく同じ貿易均衡を生み出す，つまり同じ税率の輸入関税と輸出税は同等の効果をもっています。これはラーナーの「対称性定理」として知られている結果です。

【数量面の貿易政策手段：輸入数量制限 vs. 輸出数量制限】

　輸入税（輸入補助金）や輸出税（輸出補助金）は内外の相対価格の間に格差を設ける価格面の貿易政策手段です。輸入量・輸出量の直接的制限は数量面の貿易政策手段です。

① 輸入数量制限

　輸入数量制限は，完全競争市場の仮定の下で，輸入関税と同等の効果をもっています。

② 輸出数量制限

輸出数量制限が用いられるのは,たとえば自国で輸出商品が品薄で,その国外流出を抑える必要がある場合や,外国が輸入を減らすため,自国に対して「輸出の自主規制」を要求するような場合です。政府が一定量の輸出商品を国内市場で競争的に買い上げ,外国へ輸出するものと想定すると,その効果は輸出税のケースと同じです。

【交易条件を自国輸出規制は有利化,外国輸入規制は不利化】

自国の輸出制限はしばしば「外国による隠れた輸入制限」と呼ばれているが,自国の輸出の自主規制と外国の輸入制限は交易条件に対する効果はまったく逆です。外国の輸入制限は,外国の輸入関税と同様に,外国の交易条件の有利化をもたらすが,自国の輸出規制は自国の輸出税と同様であり,「対称性定理」によって輸入関税のケースと等しく,自国の交易条件を有利化させます。

(3) 輸入関税の国内所得分配への影響:ストルパー=サムエルソン定理

【輸入関税の所得分配(実質賃金率 vs. 実質資本レンタル)への影響】

自国が外国に比べて労働量が豊富であり,第1商品が第2商品よりも労働集約的であるとすれば,国際分業に関するヘクシャー=オリーン定理によって,自国は第1商品を輸出し,第2商品を輸入します。いま自国が第2商品に輸入関税を課し,その結果 $\frac{第2商品の価格}{第1商品の価格}$ が上昇したとしましょう。$\frac{第2商品の価格}{第1商品の価格}$ が上昇すれば,第2商品の生産は増大し,第1商品の生産は減少します。第2商品への輸入関税の賦課が $\frac{第2商品の価格}{第1商品の価格}$ を上昇させる限り,それは自国に豊富に存在する生産要素(労働)の実質所得(実質賃金率)を引き下げ,豊富には存在しない生産要素(資本)の実質所得(実質資本レンタル)を引き上げます。この結論は「ストルパー=サムエルソン定理」と呼ばれています。

【先進国は高い賃金を守るべし,新興国は高い資本レンタルを守るべし】

先進国では,労働が相対的に希少な生産要素であるから,低賃金国(新興国)からの輸入に関税を課して国内の高い賃金(国内労働者)を守れという主張がしばしばなされます。また,逆に,新興国では,資本が相対的に希少な生

産要素であるから，低資本レンタル国（先進国）からの輸入に関税を課して国内の高い資本レンタル（国内資本）を守れという主張がしばしばなされます。

2　貿易政策 vs. 国内政策

【国内政策も国際間の経済取引に影響を及ぼす】

　国内政策の諸手段も国際間の経済取引に影響を及ぼします。実際，貿易政策と国内政策の両方が種々の目的のために併用されています。場合によっては，国内政策が国際経済の目的を達成するために用いられたり，逆に貿易政策が国内経済の目的を達成するために用いられたりすることもあります。たとえば，輸出振興のために輸出産業へ生産補助金を与えたり，国内産業保護のために輸入関税を課したりすることがあります。ただし，政策目的と政策手段の関係は，整合性と効率性という2つの規準を満たさなければなりません。

(1)　**国内政策の効果**

【輸入関税，輸入代替産業への生産補助金，輸入商品への消費税】

　第1商品を輸出商品，第2商品を輸入商品とし，自国が外国から輸入する第2商品に対して$t \times 100\%$の関税（従価税）を課すと，第2商品の国内価格p_2は外国価格p_2^*より$t \times 100\%$だけ高くなります。第1商品の国内価格p_1と外国価格p_1^*は同じであるので，$p = \dfrac{p_2}{p_1} =$ 国内相対価格，$p^* = \dfrac{p_2^*}{p_1^*} =$ 外国相対価格とすると，

$$p = (1+t)p^*$$

です。

　自国が外国から輸入する第2商品の国内生産に対して$r \times 100\%$の従価補助金を供与するとしましょう。この補助金は，国内の消費者への定額税によってまかなうものとします。従価補助金を供与すると，第2商品の生産者価格p_{r2}は消費者価格p_2よりも$t \times 100\%$だけ高くなります。第1商品の生産者価格p_{r1}と消費者価格p_1は同じであるので，$p_r = \dfrac{p_{r2}}{p_{r1}} =$ 生産者が市場で直面

する国内相対価格，$p = \dfrac{p_2}{p_1}$ =消費者が市場で直面する国内相対価格とすると，
$$p_r = (1+r)p$$
です。

　自国が外国から輸入する第2商品の消費に対して$c \times 100\%$の従価税（消費税）を課すとしましょう。従価税を課すと，消費者が第2商品市場で直面する国内価格（消費者価格）p_{c2}は国際価格（生産者価格）p_2よりも$c \times 100\%$だけ高くなります。$p_c = \dfrac{p_{c2}}{p_{c1}}$ =消費者が市場で直面する国内相対価格，消費者が第1商品市場で直面する国内価格p_{c1}と国際価格p_1は同じであるので，$p = \dfrac{p_2}{p_1}$ =国際相対価格とすると，
$$p_c = (1+c)p$$
です。

　つまり，

$p = (1+t)p^*$ 　　　　輸入関税
$p_r = (1+r)p$ 　　　　輸入代替産業への生産補助金
$p_c = (1+c)p$ 　　　　輸入商品への消費税

であり，r＝c＝tとすれば，
$$p_r = p_c = (1+t)p^*$$
です。

　かくて，輸入関税，輸入代替産業への生産補助金，輸入商品への消費税はすべて交易条件や貿易量への効果に関する限り，同じものです。

【「課税 vs. 補助金」と「輸出 vs. 輸入」】

　課税はマイナスの補助金，補助金はマイナスの課税であるので，輸入代替産業への生産税は生産補助金と正反対の効果をもち，輸入商品への消費補助金は消費税と正反対の効果をもっています。

　また，輸入代替産業への生産補助金は輸出産業への生産税と同等であり，輸入商品への消費税は輸出商品への消費補助金と同等です。

(2) 数量政策と価格政策

【政策の「整合性 vs. 効率性」】

　政府が特定の商品の生産量，消費量，貿易量などを自由貿易均衡の場合と異なった水準に維持しようとして，種々の政策手段に訴えることがあります。特定の商品の生産，消費，貿易などの諸経済活動を規制したり奨励したりする場合，その対象に直接的に作用する政策手段を用いることがもっとも望ましい措置です。すなわち，政策目的と政策手段の関係は，整合性と効率性という2つの規準を満たすことが望ましく，貿易面の政策目的は貿易政策の諸手段に，また国内面の政策目的は国内政策（消費・生産政策）の諸手段にもっとも自然に結びつきます。

① 輸入量の制限を目的とする限り

　輸入関税，輸入代替産業への生産補助金，輸入商品への消費税はすべて目的整合的です。しかし，効率性の観点からは，輸入関税が自国の実質所得を損なうことがもっとも少ないという意味において最善であり，輸入代替産業への生産補助金，輸入商品への消費税は次善，三善の策です。

② 輸入商品の国内生産水準の引き上げを目的とする限り

　輸入関税，輸入代替産業への生産補助金，輸入商品への消費税はすべて目的整合的です。しかし，効率性の観点からは，輸入代替産業への生産補助金が最善です。

③ 輸入商品の消費抑制を目的とする限り

　輸入関税，輸入代替産業への生産補助金，輸入商品への消費税はすべて目的整合的です。しかし，効率性の観点からは，輸入商品への消費税が最善です。

【「数量面の政策手段 vs. 価格面の政策手段」の効率性】

　一定の条件の下では，輸出商品生産への課税はそれに見合う生産数量の制限と同等であり，輸入商品への消費税はそれに見合う消費量の制限と同等です。

　政策目的の達成手段としてもっとも効率的なのは，数量面の政策手段と同等の効果をもつ価格面の政策手段です。たとえば，輸入の数量制限の場合には輸入関税であり，生産制限の場合には生産税です。

3 保護貿易論の諸形態

【自由貿易主義 vs. 保護貿易論】

自由貿易均衡はパレート最適であり，生産資源の効率的な利用を達成するものと考えられ，その認識は自由貿易主義の理論的前提をなすもので「自由貿易命題」と呼ばれています。しかし，それは現実には容認し難い単純化に基づいていて，保護貿易論は，自由貿易命題が暗黙の前提としている諸条件を批判するところから出発しています。

【小国の最適関税率】

自国が小国で，国際交易条件を所与として行動するものとすれば，「最適関税率」はゼロです。つまり，自国の実質所得水準は自由貿易の下で最大となり，関税，非関税障壁といった貿易政策の下ではそれよりも低い実質所得水準になります。以下では，小国の仮定の下で，4つの保護貿易論を整理します。

【4つの保護貿易論】

保護貿易論は，何を批判の対象としているかによって，次の4つのタイプに分けることができます。

① 構造調整の困難

生産要素（労働，資本など）の産業間移動が困難で，しかも生産要素価格（賃金率，資本レンタルなど）に硬直性が見られる場合，孤立状態ないし保護貿易の状態から急激に自由貿易へ移行すると，輸入代替産業でそれまで用いられていた労働，資本などの生産要素が失業ないし遊休してしまいます。これにともなう実質所得の損失が貿易自由化による利益を上回れば，孤立状態ないし保護貿易の存続が望ましいでしょう。

② 生産物市場のひずみ

第1商品を輸出商品，第2商品を輸入商品としましょう。生産物市場に独占的要素や外部経済・不経済などのひずみがあれば，たとえば第1商品（輸出商品）産業が独占的であるか，あるいは第2商品（輸入商品）産業から外部不経

済を受けているとしましょう。このとき，自由貿易の下で，自国が第2商品（輸入商品）の生産を拡大し，第1商品（輸出商品）の生産を縮小するような場合，実質所得はかえって減少してしまうかもしれず，関税による保護は正当化されます。

③ **生産要素市場のひずみ**

産業部門間で生産要素価格（賃金率，資本レンタルなど）に格差がある場合，自国の実質所得が自由貿易の下で減少するかもしれません。そのような場合，関税による保護は自由貿易よりも優れています。

④ **幼稚産業保護論**

「幼稚産業」とは，成長の初期段階にある産業のことで，時とともに能率が増進し，費用削減が可能という特徴をもっています。将来の社会的利益が当初の社会的費用を償って余りある場合に，幼稚産業の保護が正当化されます。

第2部
国際収支論

第5章 国際収支表

【日本銀行作成のグローバル経済統計】

　IMF国際収支マニュアル第5版ベースでは，日本銀行は，「国際収支状況（国際収支統計）」の他に，「対外債務」，「対外資産負債残高」，「直接投資残高（地域別かつ業種別）」，「直接投資・証券投資等残高地域別統計」，「証券投資（資産）残高通貨別・証券種類別統計」，「業種別・地域別直接投資」などを作成・公表しています。IMF国際収支マニュアル第6版ベースでは，日本銀行は，「国際収支状況（国際収支統計）」の他に，「対外及び対内証券売買契約等の状況（指定報告機関ベース）」，「本邦対外資産負債残高」，「対外債務」，「銀行等対外資産負債残高」などを作成・公表しています。

第2部 国際収支論

表5－1 構成国一覧：OECD諸国，ASEAN，EU

(1) OECD諸国			
1	オーストラリア	1996年上期～	
2	オーストリア		
3	ベルギー		
4	カナダ		
5	デンマーク		
6	フィンランド		
7	フランス		
8	ドイツ		
9	ギリシャ		
10	アイスランド		
11	アイルランド		
12	イタリア		
13	ルクセンブルク		・2006年下期まではルクセンブルグ
14	メキシコ		
15	オランダ		
16	ニュージーランド		
17	ノルウェー		・2006年下期まではノールウェー
18	ポルトガル		
19	スペイン		
20	スウェーデン		
21	スイス		
22	トルコ		
23	英国	↓	・2006年下期まではイギリス
24	アメリカ合衆国		・2006年下期までは米国
25	チェコ	1996年下期～	・2006年下期まではチェッコ
26	ハンガリー	〃	
27	大韓民国	1997年上期～	・2006年下期までは韓国
28	ポーランド	〃	
29	スロバキア	2001年上期～	
30	チリ	2010年第2四半期（5月）～	
31	スロベニア	2010年第3四半期（7月）～	
32	イスラエル	2010年第3四半期（9月）～	
33	エストニア	2010年第4四半期（12月）～	
(2) ASEAN			
1	インドネシア	1996年上期～	
2	シンガポール		
3	タイ		
4	フィリピン		
5	マレーシア		・2006年下期まではマレイシア
6	ブルネイ		
7	ベトナム	↓	・2006年下期まではヴィエトナム
8	ラオス	1998年上期～	
9	ミャンマー	〃	
10	カンボジア	1999年下期～	・2006年下期まではカンボディア
(3) EU			
1	ベルギー	1996年上期～	
2	デンマーク		
3	フランス		
4	ドイツ		
5	ギリシャ		
6	アイルランド		
7	イタリア		
8	ルクセンブルク		・2006年下期まではルクセンブルグ
9	オランダ		
10	ポルトガル		
11	スペイン		
12	英国		・2006年下期まではイギリス
13	オーストリア		
14	フィンランド		
15	スウェーデン		
16	キプロス	2004年上期～	
17	チェコ		・2006年下期まではチェッコ
18	エストニア		
19	ハンガリー		
20	ラトビア		
21	リトアニア		
22	マルタ		
23	ポーランド		
24	スロバキア		
25	スロベニア	↓	
26	ブルガリア	2007年第1四半期～	
27	ルーマニア	〃	
28	クロアチア	2013年第3四半期～	

出所：「国際収支統計」（日本銀行）

1　国際収支統計（IMF国際収支マニュアル第5版ベース）：経常収支，資本収支，外貨準備増減

【国際収支統計（国際収支状況）】

「国際収支統計（国際収支状況）」は，一定の期間における，居住者と非居住者の間で行われたあらゆる対外経済取引（財貨，サービス，証券等の各種経済金融取引，それらに伴って生じる決済資金の流れ等，一定の期間における所有権の移転が発生するフロー取引）を，複式簿記の原則で，体系的に記録した統計です。

国際収支統計は，日本銀行が「外国為替及び外国貿易法」（昭和24年法律）の規定（第55条の9：対外の貸借及び国際収支に関する統計），「外国為替令」（昭和55年政令）に基づき，財務大臣から委任を受けて集計・推計し，財務省と共同で公表しているものです。対外の貸借に関する統計は毎年12月31日の時点で，国際収支に関する統計は毎月，毎年の期間でそれぞれ公表されると規定されています。

【居住者 vs. 非居住者】

国籍のいかんに関係なく，日本に生活の本拠がある自然人と法人の日本国内事務所が「居住者」です。すなわち，日本に住む日本人や日本企業だけでなく日本で働いている外国人労働者や外国法人の日本支社は「居住者」です。逆に，日本法人の海外支店は「非居住者」です。例外は大使館と駐留軍であり，日本政府の在外公館は居住者，外国政府の在日公館や日本に駐留する米軍は非居住者です。日本に来ている外国人観光客は，一般に日本に生活の本拠がないため，居住者ではありません。逆に，外国に観光旅行に行っている日本人は日本の居住者です。

【国際収支統計（国際収支表）の3つの構成項目】

国際収支（balance of payments）統計（国際収支表）の構成項目は次のものです。

(1) 経常収支

「経常収支」は，「貿易・サービス収支」，「所得収支」，「経常移転収支」の合計です。資本収支・外貨準備増減に計上される金融取引等の資本の取得・処分に係る取引以外の，居住者・非居住者間で債権・債務の移動を伴うすべての取引の収支の状況を示しています。「貿易・サービス収支」は「貿易収支」，「サービス収支」の合計を示し，実体取引に伴う収支の状況を示しています。貿易・サービス収支はGDP統計の外需（財貨・サービスの純輸出）とほぼ一致しています。

① 貿易収支

「貿易収支」は，財貨（物）の輸出・輸入の収支をFOB価格（Free On Board：船積み価格，本船渡し価格）で計上したものです。すなわち，居住者と非居住者との間のモノ（財貨）の取引（輸出入）の収支状況を示しています。

② サービス収支

「サービス収支」は，居住者・非居住者間のサービス取引の収支を示しています。サービス取引の主な項目は，輸送（国際貨物，旅客運賃の受取・支払），旅行（訪日外国人旅行者・日本人海外旅行者の宿泊費，飲食費等の受取・支払），金融（証券売買等に係る手数料等の受取・支払），特許等使用料（特許権，著作権等の使用料の受取・支払）です。

③ 所得収支

「所得収支」は，居住者・非居住者間の賃金・給与等の受取・支払（雇用者報酬）のほか，居住者が非居住者に対して有する金融資産（出資，貸付，預金等）から生じる利子，配当金等の受取と，非居住者が居住者に対して有する金融資産（出資，貸付，預金等）から生じる利子，配当金等の支払を合計した収支状況を示しています。投資収益の主な項目は，直接投資収益（親会社と子会社との間の配当金・利子等の受取・支払），証券投資収益（株式配当金，債券利子の受取・支払），その他の投資収益（貸付・借入，預金等に係る利子の受取・支払）です。

④ 経常移転収支

「経常移転収支」は，官民の無償資金協力，寄付，贈与の受取・支払などの収支を示しています。つまり，居住者・非居住者間の対価を伴わない資金の提供に係る収支状況を示しています。

(2) 資 本 収 支

「資本収支」は，投資収支，その他資本収支の合計です。つまり，金融資産に係る居住者・非居住者間の債権・債務の移動を伴う取引（金融取引等の資本の取得・処分に係る取引）を計上しています。「投資収支」は直接投資や証券投資等の居住者・非居住者間の金融資産にかかる債権・債務の移動を伴う取引，「その他資本収支」は対価の受領を伴わない固定資産の提供，債務免除のほか，非生産・非金融資産の取得処分等をそれぞれ計上しています。

(3) 外貨準備増減

「外貨準備増減」は，通貨当局の管理下にあり，かつ，直ちに利用可能な対外資産（貨幣用金，SDR，IMFリザーブ・ポジション，現金，預金等）の増減を計上しています。

【FOB価格 vs. CIF価格】

「貿易統計」は輸出をFOB価格，輸入をCIF価格（Cost, Insurance and Freight：貨物代金に加えて，仕向地までの運賃・保険料が含まれた価格）で計上しているが，「国際収支統計」は輸出・輸入をともにFOB価格（Free On Board：船積み価格，本船渡し価格）で計上しています。また，貿易統計は税関における貨物の通関をもって取引を認識するのに対し，国際収支統計は居住者・非居住者間の所有権の移転をもって取引を認識しています。

【国際収支の発展段階説】

「国際収支の発展段階説」は，一国経済の経済発展段階に応じ貯蓄・投資バランスが変化していくことに着目し，対外的な資金の流れから国際収支構造の変化を説明しています。

第2部　国際収支論

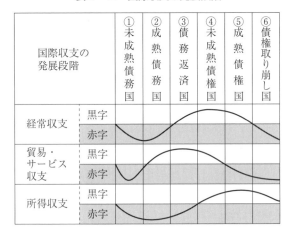

表5-2　国際収支の発展段階

2　国際収支表（IMF国際収支マニュアル第5版ベース）

【実物取引（経常取引）vs. 金融取引（資本取引）】

　開放経済は，対外関係において，実物取引（経常取引）と金融取引（資本取引）を行っています。「国際収支表」は，一国の居住者が一定期間に諸外国の居住者（一国にとっては非居住者）との間に行うすべての経済取引（経常取引，資本取引）をまとめたものです。国際収支表はIMF（国際通貨基金）の『国際収支マニュアル』にもとづいて作成されています。

【国際収支表の作成法】

① **自国通貨建てで表示**

　開放経済は，ドル，ユーロ，元，ウォンなどをそれぞれ自国通貨として用いている国と国際取引を行います。1つ1つの取引は円，ドル，ユーロ，元，ウォンなどで金額表示されているかもしれませんが，国際収支表を作成するときには，すべての国際取引の金額を，円・ドル，円・ユーロ，円・元，円・ウォンなどさまざまな通貨交換の比率（為替レート）を用いて，自国通貨（円）建てで統一表示します。

② 複式記帳

国際収支表は複式記帳法により作成されます。すなわち，すべての国際取引は，貸方項目（＋：自国へのドルの流入）と借方項目（－：外国へのドルの流出）にそれぞれ同額が記入されます。

③ 外貨準備増減

外貨準備は通貨当局が外国為替市場介入や対外支払いにあてるための準備として保有するものです。

④ 総合収支は必ずゼロです

複式記帳法の当然の帰結として，定義上

総合収支≡経常収支＋資本収支＋外貨準備増減≡０

です。

⑤ 誤差脱漏

国際収支表は複式記帳法により作成されるが，実際に国際収支表を作成するときには，1つにはすべての取引が正確に報告されるわけではないこと，もう1つには，1つの取引に伴う貸方項目と借方項目が別々に記録されることから，記入の脱漏，取引の評価・計上期間の不一致などにより，貸方項目総額と借方項目総額が一致しないため，誤差脱漏という項目が設けられています。誤差脱漏という項目により，

総合収支≡経常収支＋資本収支＋外貨準備増減＋誤差脱漏≡０

です。

3　国際収支表の作成例（IMF国際収支マニュアル第5版ベース）

【国際収支表の作成方法：6つの取引例】

国際収支表の作成方法を説明します。国際収支表は，記入される取引が経常取引であるか資本取引であるかによって，経常勘定と資本勘定に大別されます。すべての国際取引は，貸方項目（＋：自国へのドルの流入）と借方項目（－：

外国へのドルの流出）にそれぞれ同額が記入されます。計数の意味を理解するために，次の6つの取引例を挙げておきます。

① 輸出（貿易収支：経常勘定）とその他資本収支（資本勘定）

日本株式会社が50億円の機械を米国株式会社に輸出し，米国内の銀行の預金口座に代金を振り込んでもらう。輸出は米国居住者からの受け取りを生じさせる取引であるので，経常勘定の貿易勘定に貸方項目（ドルの流入）として記入します。同時に，この経常取引に伴う銀行預金の増加を金融資産の購入と解釈し，資本勘定のその他資本勘定に同額の借方項目（ドルの流出）として記入します。

② 旅行収支（サービス収支：経常勘定）とその他資本収支（資本勘定）

日本の観光客が米国で20億円の旅行小切手を使う。それは日本人観光客の米国でのサービス購入（つまり，居住者によるサービスの輸入）であるので，経常勘定のサービス勘定に借方項目（ドルの流出）として記入します。同時に，それに伴う旅行小切手による支払いは金融資産の売却として，資本勘定のその他資本勘定に貸方項目（ドルの流入）として記入します。

③ 所得収支（経常勘定）と証券投資（資本勘定）

日本の投資家が米国株式会社より受け取った利子・配当金4億円で米国の国債を購入する。日本の生産要素（資本）に対する報酬であるので，要素受け取りの一部として経常勘定の所得勘定に貸方項目（ドルの流入）として記入します。利子・配当金による米国国債購入は日本からの資本輸出であるので，金融資産の購入として投資勘定の証券投資勘定に借方項目（ドルの流出）として記入します。

④ 経常移転収支（経常勘定）と輸出（貿易収支：経常勘定）

日本政府が5億円の食料をケニアに無償援助する。食料の輸出はケニア居住者からの受け取りを生じさせる取引であるので，経常勘定の貿易勘定に貸方項目（ドルの流入）として記入します。同時に，経常勘定の経常移転勘定に借方項目（ドルの流出）として記入します。

⑤ 直接投資(投資収支：資本勘定)と輸入(貿易収支：経常勘定)

　米国株式会社の日本支社が日本国内の工場で用いる15億円の機械を米国から輸入する。機械の輸入は米国居住者への支払いを生じさせる取引であるので，経常勘定の貿易勘定に借方項目(ドルの流出)として記入します。同時に，投資勘定の直接投資勘定に貸方項目(ドルの流入)として記入します。

⑥ 証券投資(投資収支：資本勘定)と輸入(貿易収支：経常勘定)

　日本株式会社が10億円の社債を米国で発行して資金調達し，機械を米国から輸入する。機械の輸入は米国居住者への支払いを生じさせる取引であるので，経常勘定の貿易勘定に借方項目(ドルの流出)として記入します。同時に，米国での社債発行は長期債券の売却として投資勘定の証券投資勘定に貸方項目(ドルの流入)として記入します。

【外貨準備増減】

　IMF国際収支マニュアル第5版ベースでは，「外貨準備増減」が公的部門による短期投資ポジションの変化として資本勘定に含まれているが，日本では資本勘定とは別に計上されています。

表5－3　国際収支表の作成例

(単位：億円)

	貸方項目 (＋：ドルの入)	借方項目 (－：ドルの出)	収　支
貿　　　　易	55 (①50) (④5)	－25 (⑤－15) (⑥－10)	30
サ ー ビ ス		②－20	－20
所　　　　得	③4		4
経 常 移 転		④－5	－5
経　　　　常	59	－50	9
投　　　　資	25	－4	21
直 接 投 資	⑤15		
証 券 投 資	⑥10	③－4	
その他資本	②20	①－50	－30
資　　　　本	45	－54	－9
総　　　　合	104	－104	0

上記の作成例では，貿易収支は30億円の黒字（ドルの流入），サービス収支は20億円の赤字（ドルの流出），所得収支は4億円の黒字（ドルの流入），経常移転収支は5億円の赤字（ドルの流出），そしてこれら4勘定の合計である経常収支は9億円の黒字（ドルの流入）です。また，投資収支は21億円の黒字（ドルの流入），その他資本収支は30億円赤字（ドルの流出），そしてこれら2勘定の合計である資本収支は9億円の赤字（ドルの流出）です。

4　自律的取引 vs. 調整的取引（IMF国際収支マニュアル第5版ベース）

【国際間の取引：自律的取引 vs. 調整的取引】

国際収支表は複式記帳法により作成されるので，国際収支勘定は定義的関係にすぎません。国際収支表を意味づけするための工夫の1つは，国際間の取引には「自律的取引」と「調整的取引」があるとみなすことです。ここで，自律的取引は独立した取引のこと，調整的取引は自律的取引の結果から派生する取引のことです。

① 意味のある国際収支表は自律的取引の項目（アバブ・ザ・ラインと呼ばれています）の収支であり，これはゼロであるとは限りません。
② 経常取引を自律的取引，資本取引を調整的取引とそれぞれみなせば，つまり資本取引を経常取引（実物取引）から派生する資金運用・調達であるとみなせば，意味のある国際収支の概念は経常収支です。このときは，経常収支がアバブ・ザ・ラインです。
③ 財貨・サービスの国際取引が国内経済に与える影響に関心があるときは，貿易・サービス収支がアバブ・ザ・ラインです。
④ 民間部門による資本取引を自律的取引とみなせば，資本収支がアバブ・ザ・ラインであり，外貨準備増減が調整的取引の項目（ビロー・ザ・ラインと呼ばれています）です。
⑤ 通貨当局（財務省管理の外国為替資金特別会計と日本銀行）は為替レート

に影響を与えるため、外貨準備を自律的に売買することがあり、外貨準備増減をビロー・ザ・ラインとすること（公的決済収支と呼ばれています）には疑問なしではありません。

5　外貨準備増減と対外純資産（IMF国際収支マニュアル第5版ベース）

【外貨準備増減 vs. 対外純資産】
外貨準備は対外純資産に含まれています。

(1)　外貨準備増減

外貨準備は通貨当局が外国為替市場介入や対外支払いにあてるための準備として保有するものであり、日本の外貨準備は金、外貨（大半はドル）、国際通貨基金（IMF）からほぼ無条件で借りることのできるリザーブ・トランシュ（IMFへの払い込み額からIMFの円保有額を引いたもの）と特別引き出し権（SDR）からなっています。

円・ドル交換レートが大きく変動するとき、通貨当局はしばしばドル（外貨）の売り買いにより円・ドル交換レートの操作（つまり外国為替市場介入）を行います。円安・ドル高をねらってドル買い・円売りを行えば、外貨準備は増加し、逆に円高・ドル安をねらってドル売り・円買いを行えば、外貨準備は減少します。外貨準備増減のマイナスは外貨準備の増加（資本の流出）を、外貨準備増減のプラスは外貨準備の減少（資本の流入）をそれぞれ意味しています。

(2)　対外純資産

経常収支＝（民間部門の貯蓄－民間部門の投資）＋（政府部門の貯蓄－政府部門の投資）
　　　　＝貯蓄－投資

です。経常収支の黒字（プラス）は対外的に貯蓄超過（資金余剰）であることを意味し、居住者が非居住者に対して金融資産を購入するか、負債を返済するかのいずれかを行うことです。逆に、経常収支の赤字（マイナス）は対外的に

第2部 国際収支論

投資超過(資金不足)であることを意味し,居住者が非居住者に対して金融資産を売却するか,負債を増加するかのいずれかを行うことです。したがって,

　　経常収支＝対外金融資産の増分－対外負債の増分＝対外純資産の増分

であり,

　　対外純資産＝対外金融資産－対外負債

です。ただし,為替レートや資産価格が変化する場合には,左辺と右辺は一致しません。日本の対外純資産は世界最大で,日本は世界最大の純債権国です。

6　改訂国際収支統計(IMF国際収支マニュアル第6版ベース)

2014年1月に国際収支表が全面改訂され,数字の符号まで変化しましたが,国際収支統計で把握される取引の範囲や考え方は変化していません。

表5-4　2014年度の国際収支表(IMF国際収支マニュアル第6版ベース)

(単位億円,カッコ内は前年度比及び前年同月比%,▲は赤字または減少)

	14年度
▽経常収支	78,100
	(5.3倍)
貿易・サービス収支	▲93,810
貿易収支	▲65,708
輸　　出	756,132
	(8.4)
輸　　入	821,839
	(1.8)
サービス収支	▲28,102
旅行収支	2,099
知的財産権等使用料	19,745
第1次所得収支	191,369
第2次所得収支	▲19,459
▽資本移転等収支	▲2,699
▽金融収支	137,492
▽誤差脱漏	62,090

出所:『日本経済新聞』(夕刊)2015年5月13日

すべての取引は財貨・サービスの売買である「経常取引」と，金融資産・負債の売買である「金融取引」に分割され，次の符号で記録されています。

経常収支＝財貨・サービスの輸出－財貨・サービスの輸入
　　　　＝貿易・サービス収支＋第一次所得収支＋第二次所得収支
　　　　＝（貿易収支＋サービス収支）＋第一次所得収支＋第二次所得収支
　　　　＝｛(輸出－輸入)＋サービス収支)｝＋第一次所得収支＋第二次所得収支
金融収支＝金融資産の増加－負債（株式を含む）の増加
経常収支＋資本移転等収支－金融収支＋誤差脱漏＝0

「貿易・サービス収支」はGDPの外需，「貿易・サービス収支＋第一次所得収支」はGNI（国民総所得：旧GNP）の外需にそれぞれ対応しています。

旧国際収支統計（IMF国際収支マニュアル第5版ベース）と改訂国際収支統計（IMF国際収支マニュアル第6版ベース）のちがいは以下のとおりです。

① **資本収支・外貨準備増減（旧国際収支統計）vs. 金融収支（改訂国際収支統計）**

旧国際収支統計では，
　　経常収支＋資本収支＋外貨準備増減（増加がマイナス）＋誤差脱漏＝0
改訂国際収支統計では，
　　経常収支＋資本移転等収支－金融収支＋誤差脱漏＝0

であり，改訂国際収支統計の「資本移転等収支－金融収支」は旧国際収支統計の「資本収支＋外貨準備増減（増加がマイナス）」に対応しています。「誤差脱漏」は「経常収支＋資本移転等収支－金融収支」と誤差脱漏の合計がゼロになるようにしている調整項目です。資本移転等収支，誤差脱漏を除けば，改訂国際収支統計では，

　　経常収支－金融収支＝0

であり，例えば，日本企業が輸出してドル代金を受け取ると，輸出が経常収支の黒字と記録され，ドル代金受領による金融資産の増加が同額の金融収支の黒字となります。旧国際収支統計では，ドルの日本への流入を黒字，日本からの流出を赤字と呼んでいたので，金融資産の増加は旧国際収支統計では赤字と呼んでいたが，改訂国際収支統計では黒字と呼んでいます。また，日本企業が外

国企業を買収する直接投資（資産の増加）の場合には，旧国際収支統計では，日本からのドルの流出をもたらすので，資本収支にマイナス（赤字）で記録されていたが，改訂国際収支統計では金融収支にプラス（黒字）で記録されます。改訂国際収支統計では，金融収支全体にマイナス1を掛けて経常収支と合計されているので，改訂国際収支統計は旧国際収支統計と整合的です。

② 所得収支（旧国際収支統計）vs. 第一次所得収支（改訂国際収支統計）

改訂国際収支統計の「第一次所得収支」は旧国際収支統計の「所得収支」に対応し，主に利子配当の純受取に対応しています。

③ 経常移転収支（旧国際収支統計）vs. 第二次所得収支（改訂国際収支統計）

改訂国際収支統計の「第二次所得収支」は旧国際収支統計の経常移転収支に対応し，無償輸出や外国への金銭贈与のことです。改訂国際収支統計では，対価を伴わない無償取引に見合う金額を，その性質に応じて「第二次所得収支」と「資本移転等収支」に分けて記録しています。

④ 資本移転（旧国際収支統計）vs. 資本移転等収支（改訂国際収支統計）

外国政府などに対する債務免除や外国の資本形成に使われる無償援助です。旧国際収支統計では，資本移転は資本収支の内訳項目であったが，改訂国際収支統計では，「資本移転等収支」は金融収支と並ぶ別項目として表示されています。

⑤ 金融収支（改訂国際収支統計）

金融収支＝直接投資＋証券投資＋金融派生商品＋その他投資＋外貨準備

であり，「直接投資」は10％以上の株式の取得，海外の不動産の取得，「証券投資」は株式や債券へのポートフォリオ投資，「金融派生商品」は金融派生商品の取引，「その他投資」は預金や貸出など，直接投資，証券投資，金融派生商品以外の資本取引，「外貨準備」は政府が保有する流動性の高い対外資産です。金融収支のプラスは純資産の増加，マイナスは純資産の減少をそれぞれ示しています。

⑥ 外貨準備増減（旧国際収支統計）vs. 外貨準備（改訂国際収支統計）

旧国際収支統計の「外貨準備増減」では外貨準備の増加はマイナス，減少は

プラスでそれぞれ記録されていたが，改訂国際収支統計の「外貨準備」では外貨準備の増加は金融収支のプラス（黒字要因），外貨準備の減少は金融収支のマイナス（赤字要因）でそれぞれ記録されています。

第6章　経常収支の決定理論

【経常収支の決定要因：為替レート，内需，貯蓄・投資バランス】

　為替レート，内需，貯蓄・投資バランスの３つの要因は経常収支の決定要因です。

1　経常収支の決定要因１：為替レート

【為替レート：弾力性アプローチ】

　P_X＝日本の輸出財（日本製品）の円建て価格，$P_M{}^*$＝日本の輸入財（米国製品）のドル建て価格，e＝邦貨建て円・ドル交換レート（ドルの値段）とします。日本の輸出供給の価格弾力性（ε_X：米国の輸入需要の価格弾力性）は日本の輸出財のドル建て価格 $\left[P_X 円 \times \left(\dfrac{ドル}{円}\right) = P_X \cdot \left(\dfrac{1}{e}\right) ドル\right]$ １％の上昇によって日本の輸出量（X）が何％変化するかを示しています。P_Xを一定と仮定すれば，

$$\varepsilon_X = \frac{\left(\dfrac{\Delta X}{X}\right)}{\left\{\dfrac{\Delta\left(\dfrac{P_X}{e}\right)}{\left(\dfrac{P_X}{e}\right)}\right\}} = \frac{\left(\dfrac{\Delta X}{X}\right)}{\left(\dfrac{\Delta e}{e}\right)}$$

です。日本の輸入需要の価格弾力性（ε_M）は日本の輸入財の円建て価格 $\left[P_M{}^* ドル \times \left(\dfrac{円}{ドル}\right) = P_M{}^* \cdot e 円\right]$ １％の上昇によって日本の輸入量（M）が何％変化するかを示しています。$P_M{}^*$を一定と仮定すれば，

$$\varepsilon_M = -\frac{\left(\frac{\Delta M}{M}\right)}{\frac{\Delta(P_M{}^* e)}{(P_M{}^* e)}} = -\frac{\left(\frac{\Delta M}{M}\right)}{\left(\frac{\Delta e}{e}\right)}$$

です。($\varepsilon_X + \varepsilon_M$)＞1は「マーシャル＝ラーナー条件」と呼ばれ，マーシャル＝ラーナー条件（輸出の価格弾力性＋輸入の価格弾力性＞1）が満たされていれば，

① eの上昇（ドル高・円安）→米国製品高・日本製品安→輸入額の減少・輸出額の増大→経常収支の改善
② eの下落（ドル安・円高）→米国製品安・日本製品高→輸入額の増大・輸出額の減少→経常収支の悪化

です。

【Jカーブ効果】

貿易取引が，ある一定期間，契約に縛られており，為替レートの変動に合わせて取引内容を機動的に変更できないとき，短期的には，マーシャル＝ラーナー条件（外国為替市場におけるワルラスの安定条件）が満たされないことがあります。このときは，($\varepsilon_X + \varepsilon_M$)＜1であり，ドル安・円高が進行しているにもかかわらず経常収支が改善したり，ドル高・円安が進行しているにもかかわらず経常収支が悪化したりすることがあります。これは「Jカーブ効果」と呼ばれています。

図6－1　Jカーブ効果

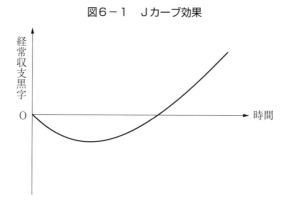

2　経常収支の決定要因2：内需

【内需：アブソープション・アプローチ】

国民経済計算より，

　　国内総生産(Y) = 民間最終消費支出(C) + 民間総資本形成(I：民間粗投資)
　　　　　　　　　　+ 政府支出(G) + 輸出等(EX) − 輸入等(IM)

であり，

　　内需 = 民間最終消費支出(C) + 民間総資本形成(I：民間粗投資) + 政府支出(G)
　　外需 = 輸出等(EX) − 輸入等(IM)
　　　　 = 経常収支 + その他資本収支（IMF国際収支マニュアル第5版ベース）

です。内需は「アブソープション」と呼ばれ，それは国産品を国内需要で吸収することを意味しています。

　　経常収支 + その他資本収支 = 国内総生産(Y) − 内需

であり，内需不足により，国内総生産(Y) − 内需 > 0 であると，経常収支 + その他資本収支 > 0 です。日本で財をたくさん作っても，居住者（日本に住む人）が買わなければ，非居住者（外国に住む人）に売らなければなりません。国内需要が不足しているので，外国への販路を求めることになり，経常収支などの大幅黒字を生むことになります。経常収支は国内総生産（Y）と内需のバランスによって赤字あるいは黒字になります。

3　経常収支の決定要因3：貯蓄・投資バランス

【国内の貯蓄・投資バランス：貯蓄・投資バランスアプローチ】

国民経済計算より，

　　貯蓄 − 投資 = 民間部門の貯蓄投資差額 + 政府部門の貯蓄投資差額
　　　　　　　 = 輸出等 − 輸入等
　　　　　　　 = 経常収支 + その他資本収支（IMF国際収支マニュアル第5版ベース）

です。経常収支は国内の貯蓄・投資バランスによって赤字あるいは黒字になります。つまり、貯蓄超過（貯蓄＞投資）であれば黒字、投資超過（貯蓄＜投資）であれば赤字です。居住者（日本に住む人）が貯蓄しすぎると、言い換えれば、消費が少なすぎると、国産品は国内では売れません。消費が不足しているので、外国への販路を求めることになり、経常収支などの大幅黒字を生むことになります。

第7章 開放経済下の財政・金融・貿易政策の効果：開放マクロ経済モデル

1 2国開放経済の45度線モデル：「閉鎖経済 vs. 開放経済」の乗数

【「閉鎖経済 vs. 開放経済」の乗数】

日本（A国），米国（B国）の２国を考えます。＊印の付いていない変数はA国，＊印の付いている変数はB国についてのものを表しています。Y, Y^* = GDP, C, C^* = 民間消費支出，I, I^* = 民間投資支出，G, G^* = 政府支出，T, T^* = 税，EX, EX^* = 輸出等，IM, IM^* = 輸入等，c, c^* = 限界消費性向，r, r^* = 金利，e = 為替レート（円・ドル交換比率：ドルの値段），BP, BP^* = 国際収支，F, F^* = 資本収支とします。下添字の０は一定であることを示しています。

(1) A国（日本）

$Y = C + I + G + EX - IM$ （生産物市場の需給均衡式）
$C = C_0 + cY_d$ （消費関数）
$Y_d = Y - T$ （可処分所得の定義）
$T = T_0$ （定額税）
$I = I(r_0) = I_0$ （一定の投資）
$G = G_0$ （一定の政府支出）
$EX = EX_0$ （一定の輸出）
$IM = IM(Y, e_0) = IM_0 + mY$ （輸入関数）
$BP = EX_0 - IM + F_0 = 0$ （国際収支の均衡）

第2部 国際収支論

(2) B国（米国）

$Y^* = C^* + I^* + G^* + EX^* - IM^*$ 　　　（生産物市場の需給均衡式）
$C^* = C_0^* + c^* Y_d^*$ 　　　（消費関数）
$Y_d^* = Y^* - T^*$ 　　　（可処分所得の定義）
$T^* = T_0^*$ 　　　（定額税）
$I^* = I^*(r_0^*) = I_0^*$ 　　　（一定の投資）
$G^* = G_0^*$ 　　　（一定の政府支出）
$EX^* = EX_0^*$ 　　　（一定の輸出）
$IM^* = IM(Y^*, e_0) = IM_0^* + m^* Y^*$ 　　　（輸入関数）
$BP^* = EX_0^* - IM^* + F_0^* = 0$ 　　　（国際収支の均衡）

A国とB国の関係は，$EX = IM^*$，$IM = EX^*$ であるので，

$Y = C + I + G + EX - IM = C + I + G + IM^* - IM$
$Y^* = C^* + I^* + G^* + EX^* - IM^* = C^* + I^* + G^* + IM - IM^*$

です。

$Y = Y(Y^* : C_0, T_0, I_0, G_0, IM_0)$ 　　　（A国の均衡条件式）
$Y^* = Y^*(Y : C_0^*, T_0^*, I_0^*, G_0^*, IM_0^*)$ 　　　（B国の均衡条件式）

であり，これらは2つの未知数 Y，Y^* を決定する2本の方程式です。A，B両国の生産物市場を同時に均衡させる GDP を求めると，

$Y' = Y'(C_0, T_0, I_0, G_0, IM_0, C_0^*, T_0^*, I_0^*, G_0^*, IM_0^*)$
$Y^{*'} = Y^{*'}(C_0^*, T_0^*, I_0^*, G_0^*, IM_0^*, C_0, T_0, I_0, G_0, IM_0)$

であり，

B国の外生変数 $(C_0^*, T_0^*, I_0^*, G_0^*, IM_0^*)$ → B国の GDP（Y^*）
　　　→ A国の対B国輸出（EX）→ A国の GDP（Y）
A国の外生変数 $(C_0, T_0, I_0, G_0, IM_0)$ → A国の GDP（Y）
　　　→ B国の対A国輸出（EX^*）→ B国の GDP（Y^*）

です。「閉鎖経済下の乗数」，「2国モデルを考慮しない開放経済下の乗数」，「2国モデルを考慮した開放経済下の乗数」の3つの乗数は次のとおりです。

① 閉鎖経済下の乗数

A国の政府支出 → A国の GDP

② 2国モデルを考慮しない開放経済下の乗数

A国の政府支出 → A国の GDP → A国の輸入 → A国の GDP

③ 2国モデルを考慮した開放経済下の乗数

A国の政府支出 → A国の GDP → A国の輸入・B国の輸出 → A国の GDP

であり，上記の３つの乗数の大きさを比較すると，「２国モデルを考慮しない開放経済下の乗数＜２国モデルを考慮した開放経済下の乗数＜閉鎖経済下の乗数」です。

図７－１　２国開放経済の45度線分析

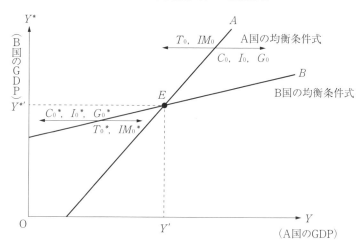

2　マンデル＝フレミング・モデル：小国の開放マクロ経済モデル

【小国の開放マクロ経済モデルの仮定】

　小国の開放マクロ経済モデル（マンデル＝フレミング・モデル）の仮定は次のものです。

① 自国は小国です。
② 物価水準は一定です。
③ 内外資産は完全代替資産であり，資本移動は完全に自由です。
④ 将来の為替レートと現在の為替レートは同じです（静学的期待）。
⑤ マーシャル＝ラーナー条件が成立しています。

$Y = GDP$，$C =$ 民間消費支出，$I =$ 民間投資支出，$G =$ 政府支出，$T =$ 税，$NX =$ 経常収支，$M =$ 貨幣供給残高，$L =$ 貨幣需要残高，$P =$ 国内物価水準，$P* =$ 外国物価水準，$i =$ 国内名目金利，$i* =$ 外国名目金利，$r =$ 国内実質金利，$r* =$ 外国実質金利，$e =$ 名目為替レート（自国通貨1単位で購入できる外国通貨の量：ドル建て為替レート（$\frac{ドル}{円}$）），$\varepsilon =$ 実質為替レートとします。

e の上昇は自国通貨の増価（円高）・外国通貨の減価（ドル安）を意味し，

$$\varepsilon = e\left(\frac{ドル}{円}\right) \times \left(\frac{P円}{P*ドル}\right) = \frac{国内財のドル建て価格(e \times P)}{外国財のドル建て価格(P*)}$$

です。

【小国の開放マクロ経済モデル】

小国の開放マクロ経済モデルは次のものです。

$Y = C(Y-T) + I(r) + G + NX(e)$　　（財市場の需給均衡式：IS方程式）
$\frac{M}{P} = L(Y, r)$　　　　　（貨幣市場の需給均衡式：LM方程式）
$r = r*$

外国実質金利（$r*$）は自国（小国）にとって所与であり，対外資本移動が完全自由であるという仮定のもとでは，外国実質金利（$r*$）が国内実質金利を決定します。

$Y = C(Y-T) + I(r*) + G + NX(e)$　　（財市場の需給均衡式：IS方程式）
$\frac{M}{P} = L(Y, r*)$　　　　　（貨幣市場の需給均衡式：LM方程式）

横軸に Y，縦軸に e をとって図示すると，IS曲線は右下がり，LM曲線は垂直線です。

第7章 開放経済下の財政・金融・貿易政策の効果：開放マクロ経済モデル

図7-2 小国の開放マクロ経済モデル

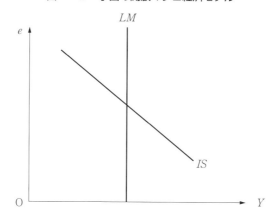

3 変動相場制下の政策効果：財政，金融，貿易政策

【変動相場制下の政策効果：財政，金融，貿易政策】
(1) 変動相場制下の拡張的財政政策の効果

　変動相場制下の拡張的財政政策（Gの増大，Tの減少）はIS曲線を右へシフトさせ，e（ドル建て為替レート：$\frac{ドル}{円}$）の上昇，すなわち円高・ドル安をもたらします。GDP（Y）は貨幣市場において決定されます。

① 拡張的財政政策は，自国金利に上昇圧力を与えるが，資本移動が完全自由であることから，金利水準は変化しないまま，資本流入が起こります。資本流入は円買い，ドル売りなので，円高・ドル安（eの上昇）をもたらします。

② Gの増大があったとしても，円高・ドル安（eの上昇）によって輸出減少・輸入増大（経常収支の悪化）をもたらし，GDP（Y）は不変です。

図7-3 変動相場制下の拡張的財政政策の効果

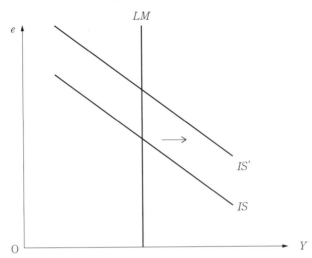

(2) 変動相場制下の拡張的金融政策の効果

　変動相場制下の拡張的金融政策（Mの増大）はLM曲線を右へシフトさせ，e（ドル建て為替レート：$\frac{ドル}{円}$）の下落，すなわち円安・ドル高，GDP（Y）の増大をもたらします。

① 外国実質金利（r^*）は自国（小国）にとって所与であるので，貨幣供給残高（M）の増大はGDP（Y）の増大をもたらします。

② GDP（Y）の増大は自国金利水準の低下を促すが，資本移動が完全自由であることから，金利水準は変化しないまま，資本流出が起こります。資本流出は円売り，ドル買いなので，円安・ドル高（eの下落）をもたらします。

③ 円安・ドル高（eの下落）によって輸出増大・輸入減少（経常収支の改善）をもたらし，GDP（Y）は増大します。

第7章　開放経済下の財政・金融・貿易政策の効果：開放マクロ経済モデル

図7-4　変動相場制下の拡張的金融政策の効果

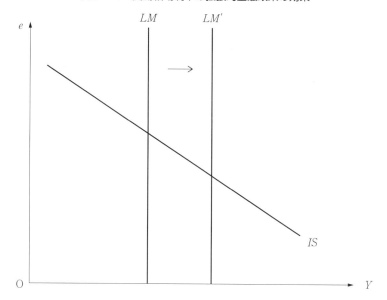

(3) 変動相場制下の拡張的貿易政策の効果

　変動相場制下の拡張的貿易政策（輸入割当，関税引き上げ）は IS 曲線を右へシフトさせ，e（ドル建て為替レート：$\frac{ドル}{円}$）の上昇，すなわち円高・ドル安をもたらします。GDP (Y) は貨幣市場において決定されます。

① 輸入割当・関税引き上げは，輸入の減少，したがって経常収支の改善をもたらします。

② e（ドル建て為替レート：$\frac{ドル}{円}$）の上昇，すなわち円高・ドル安は輸出減少・輸入増大（経常収支の悪化）をもたらします。

③ 輸入割当・関税引き上げによる経常収支の改善と，e（ドル建て為替レート：$\frac{ドル}{円}$）の上昇，すなわち円高・ドル安による経常収支の悪化は完全相殺され，経常収支は不変，したがって GDP (Y) は不変です。

第2部　国際収支論

図7-5　変動相場制下の拡張的貿易政策の効果

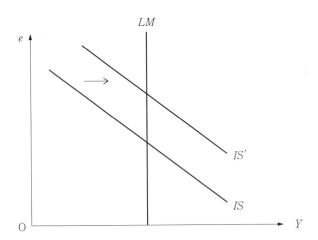

4　固定相場制下の政策効果：財政，金融，貿易政策

【固定相場制下の政策効果：財政，金融，貿易政策】
(1)　固定相場制下の拡張的財政政策の効果

　拡張的財政政策（Gの増大，Tの減少）はIS曲線を右へシフトさせ，変動相場制下であれば，e（ドル建て為替レート：$\frac{ドル}{円}$）の上昇，すなわち円高・ドル安をもたらすが，固定相場制下では，為替レート水準を固定するために，金融当局が円売り・ドル買い介入を行い，その結果貨幣供給残高が増大し，LM曲線が右へシフトします。

①　拡張的財政政策は，一方で国内需要（C, G）を増大させ，他方で変動相場制下であれば，e（ドル建て為替レート：$\frac{ドル}{円}$）の上昇，すなわち円高・ドル安により輸出減少・輸入増大（経常収支の悪化）をもたらすが，固定相場制下であれば，金利上昇，円高・ドル安によるクラウディングアウト効果なしに，国内需要（C, G），したがってGDP（Y）を増大させます。

②　LM方程式では，金融当局の円売り・ドル買い介入による貨幣供給残高の

増大によって，GDP（Y）を増大させます。

③ 金融政策は独立した政策手段ではありえなくなっています。

図7-6 固定相場制下の拡張的財政政策の効果

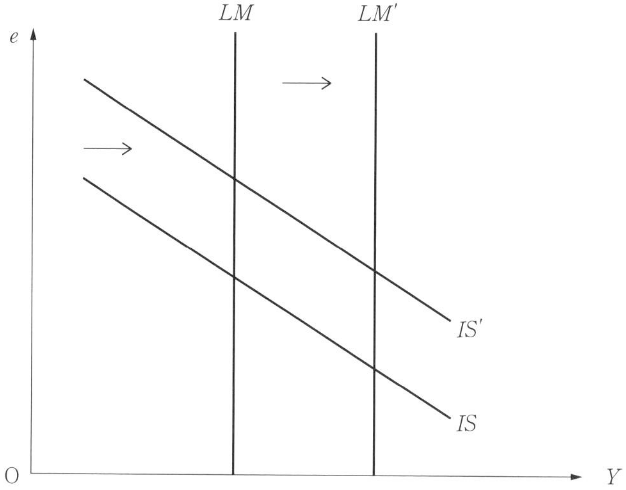

(2) 固定相場制下の拡張的金融政策の効果

変動相場制下の拡張的金融政策（Mの増大）はLM曲線を右へシフトさせ，e（ドル建て為替レート：$\frac{ドル}{円}$）の下落，すなわち円安・ドル高をもたらすが，固定相場制下では，為替レート水準を固定するために，金融当局が円買い・ドル売り介入を行い，その結果貨幣供給残高が減少し，LM曲線が左へシフトします。

第2部　国際収支論

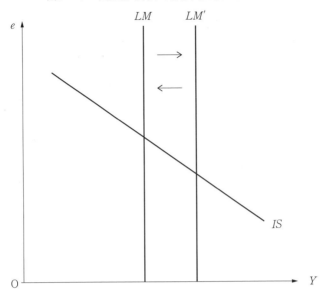

図7－7　固定相場制下の拡張的金融政策の効果

(3) 固定相場制下の拡張的貿易政策の効果

　変動相場制下の拡張的貿易政策（輸入割当，関税引き上げ）は IS 曲線を右へシフトさせ，e（ドル建て為替レート：$\frac{ドル}{円}$）の上昇，すなわち円高・ドル安をもたらすが，固定相場制下では，為替レート水準を固定するために，金融当局が円売り・ドル買い介入を行い，その結果貨幣供給残高が増大し，LM 曲線が右へシフトします。

① 拡張的貿易政策は，一方で輸入割当・関税引き上げにより輸入の減少，したがって経常収支の改善をもたらし，金利上昇，円高・ドル安によるクラウディングアウト効果なしに，GDP（Y）を増大させます。

② LM 方程式では，金融当局の円売り・ドル買い介入による貨幣供給残高の増大によって，GDP（Y）を増大させます。

③ 金融政策は独立した政策手段ではありえなくなっています。

図7-8　固定相場制下の拡張的貿易政策の効果

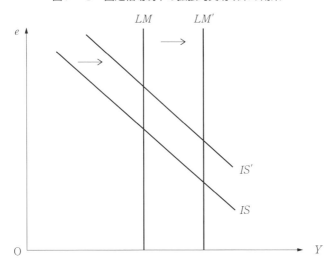

5　マンデル＝フレミング・モデル：完全資本移動 vs. 不完全資本移動

【IS－LM－BPモデル：完全資本移動 vs. 不完全資本移動】

小国の開放マクロ経済モデルは次のものです。

$Y = C(Y - T) + I(r) + G + NX(e)$ 　（財市場の需給均衡式：IS方程式）
$\dfrac{M}{P} = L(Y, r)$ 　　　　　　　　　　（貨幣市場の需給均衡式：LM方程式）
$F(r - r^*) + NX(e) = 0$ 　　　　　　（資本収支＋経常収支＝0）

横軸にY、縦軸にrをとって図示すると、IS曲線は右下がり、LM曲線は右上がりです。

図7-9　*IS-LM-BP*モデル：完全資本移動

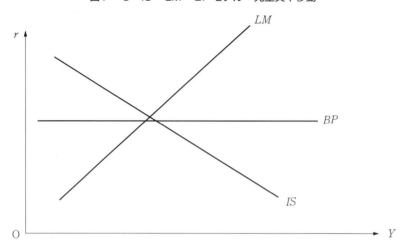

図7-10　*IS-LM-BP*モデル(1)：不完全資本移動

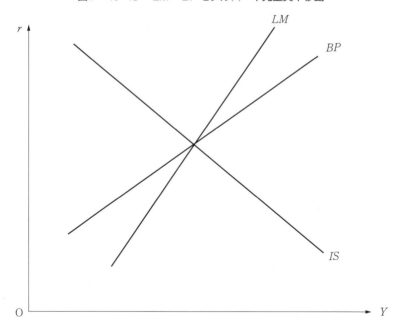

第7章 開放経済下の財政・金融・貿易政策の効果：開放マクロ経済モデル

図7－11　IS－LM－BPモデル⑵：不完全資本移動

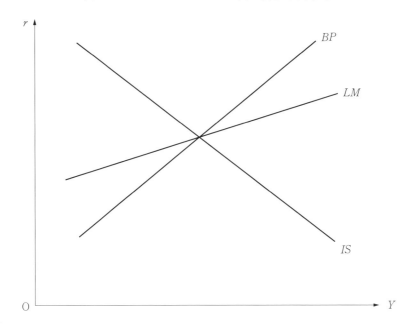

6　大国の開放マクロ経済モデル

【大国の開放マクロ経済モデル】

　大国を想定した場合，小国の場合と異なるのは，自国金利が外国金利によって決定されるわけではないという点です。F＝資本収支，NFI＝対外純投資とします。

　大国の開放マクロ経済モデルは次のものです。

$Y = C(Y-T) + I(r) + G + NX(e)$　　（財市場の需給均衡式：IS方程式）

$\dfrac{M}{P} = L(Y, r)$　　　　　　　　　　　（貨幣市場の需給均衡式：LM方程式）

$F + NX(e) = 0$　　　　　　　　　　（資本収支＋経常収支＝0）

$-F \equiv NFI = NFI(r-r^*)$

より，

$$Y = C(Y-T) + I(r) + G + NFI(r) \quad \text{（財市場の需給均衡式：IS方程式）}$$
$$\frac{M}{P} = L(Y, r) \quad \text{（貨幣市場の需給均衡式：LM方程式）}$$

です。横軸に Y，縦軸に r をとって図示すると，IS曲線は右下がり，LM曲線は右上がりです。

(1) 変動相場制下の拡張的財政政策の効果

変動相場制下の拡張的財政政策（Gの増大，Tの減少）はIS曲線を右へシフトさせ，自国金利（r）を上昇させ，GDP（Y）を増大させます。

① 自国金利（r）の上昇は対外純投資を減少させます。

② 対外純投資の減少は「円売り・ドル買い」の減少により，円高・ドル安をもたらし，円高・ドル安は輸出減少・輸入増大（経常収支悪化）をもたらします。

図7－12 変動相場制下の拡張的財政政策の効果

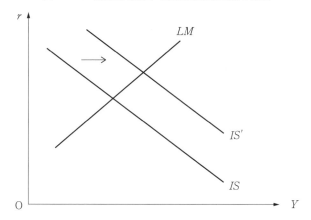

(2) 変動相場制下の拡張的金融政策の効果

変動相場制下の拡張的金融政策（Mの増大）はLM曲線を右へシフトさせ，自国金利（r）を下落させ，GDP（Y）を増大させます。

① 自国金利（r）の下落は対外純投資を増大させます。

② 対外純投資の増大は「円売り・ドル買い」の増大により，円安・ドル高を

もたらし，円安・ドル高は輸出増大・輸入減少（経常収支改善）をもたらします。

図7-13　変動相場制下の拡張的金融政策の効果

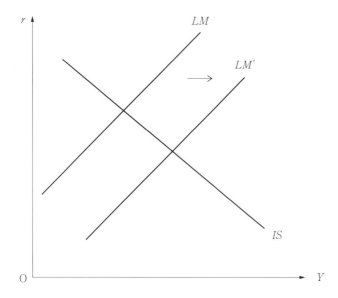

第3部
国際金融論

第8章　外国為替と外国為替取引

【金融の2つの面：決済と融通】

　金融では、「決済」と「融通」の2つの面が取り上げられます。「国内金融」は、支払人・受取人がともに居住者である決済、貸手・借手がともに居住者である融通を取り上げます。「国際金融」は、支払人・受取人のいずれか、あるいは両方が非居住者である決済、貸手・借手のいずれか、あるいは両方が非居住者である融通を取り上げます。

【国内金融 vs. 国際金融】

　1つの国・地域だけの金融を問題にするのであれば、中央銀行、通貨、政府、税制などは1つずつであるが、2つ以上の国・地域の金融を問題にするのであれば、中央銀行、通貨、政府、税制などは複数ずつ存在します。2つ以上の国・地域が決済を行うのであれば、何で支払い、何で受け取るのか、非居住者ということで課せられる税はあるのかなどが問題になります。2つ以上の国・地域が融通を行うのであれば、何で借り、何で貸すのか、非居住者ということで課せられる税はあるのかなどが問題になります。

　日本人が円で支払いたい・貸したいと思い、米国人がドルで受け取りたい・借りたいと思えば、どこかで両替（日本円と米国ドルの交換：foreign exchange）してもらう必要が生じ、そのときには日本円と米国ドルの交換レート（外国為替レート）の変動が問題になります。

第3部　国際金融論

1　外国為替（外貨）：概念上の外国為替 vs. 生活上の外国為替

【為替：内国為替 vs. 外国為替】

　離れた2地域間の，支払・受取，貸し・借りといった債権・債務を，現金の実際の受け渡しではなく，金融機関を仲介役として決済することは「為替」と呼ばれ，支払・受取，貸し・借りの当事者がともに居住者である場合は「内国為替」，支払・受取，貸し・借りの当事者のいずれか，あるいは両方が非居住者である場合は「外国為替」とそれぞれ呼ばれています。

【外国為替：概念上の外国為替 vs. 生活上の外国為替】

　外国為替は，抽象的には，概念の上では金融機関を仲介役とした国際的な資金決済の仕組み，具体的には，生活の上では対外支払いに用いられる外貨建ての決済手段（小切手，旅行小切手，現金，為替手形など）とそれぞれみなされています。

　生活の上では「為替レート（外国為替レート）」は外貨の価格とみなされているので，項目名に「外国為替（外貨）」と付けましたが，概念の上では，「外国為替」と外貨（外国通貨：現金）は同じものではありません。

2　外国為替円決済制度：対外決済メカニズム

【対外決済メカニズム）】

　ドルは，米国内においては「法貨（法定貨幣）」であるのでドルを受け取る義務はあるが，日本国内においては法貨でないのでドルを受け取る義務はありません。米国人（非居住者）が日本人（居住者）に支払うときは，米国人がドルを円に交換したうえで，日本人に円で支払うか，米国人がドルで支払い，受け取った日本人がドルを円に交換するかのいずれかを行う必要があります。

　支払人が米国人（非居住者），受取人が日本人（居住者）であるときの実際

の決済は，現金（円，ドル）形態ではなく，預金（要求払預金）形態の送金です。米国の外国為替業務を行う銀行は，日本の銀行に円建て預金（要求払預金）を保有し，「米国人がドルを円に交換したうえで，日本人に円で支払う」ときは，米国の銀行は米国人からドルを受け取り，日本の銀行の円建て預金から日本人に円で支払います。逆に，日本人（居住者）が米国人（非居住者）に支払うときは，米国の銀行は日本の銀行の円建て預金へ入金してもらい，米国国内で米国人にドルで支払います。

【外国為替円決済制度：例示】

「外国為替円決済制度（FXYCS）」は，米国人が日本人への円資金の送金を依頼したとき，銀行間（以下の例示では，日本国内のB銀行とC銀行の間）の円資金の決済を集中的に行うための制度です。支払人が米国人（非居住者），受取人が日本人（居住者）であるときの決済システム（外国為替円決済制度）を取り上げます。1ドル＝100円として，米国人が日本人に10,000円支払わなければならないとしましょう。米国のA銀行と日本のB銀行はコルレス契約（Correspondent Agreement）を結んでいるとしましょう。つまり，A銀行はB銀行の，B銀行はA銀行のコルレス先（コルレス銀行）であり，外国為替取引の相互決済のために，A銀行にはB銀行の預金口座，B銀行にはA銀行の預金口座があるとしましょう。B銀行はA銀行のコルレス先であるので，米国人（支払人）は10,000円の現金送金を行うことなく，B銀行内でA銀行の預金口座から日本人（受取人）の預金口座への振替処理により送金が完了します。

以下では，日本人（受取人）がB銀行ではなく，A銀行のコルレス先でないC銀行に預金口座をもっているとしましょう。説明の簡略化のために，取引費用を無視しましょう。

① 米国人（支払人）が米国のA銀行（支払人の取引銀行）に10,000円の送金依頼をします。米国のA銀行の顧客に対する円売りが続くと，米国のA銀行は日本のB銀行に保有している円建て普通預金残高が減少します。それを補うべく，他の銀行などから「円」を買わねばならないので，このドル売り・円買いがドル安・円高をもたらします。

② 1ドル＝100円であるので、10,000円＝100ドルであり、A銀行は米国人（支払人）口座から100ドルを引き落とします。
③ A銀行はSWIFT（国際銀行間通信協会：Society for Worldwide Interbank Financial Telecommunication）等に対して支払指図を行います。
④ 日本のB銀行は仕向銀行であり、B銀行にあるA銀行の預金口座から10,000円を引き落とします。米国のA銀行が日本のB銀行に保有している円建て普通預金が外国為替（海外への支払い手段）です。
⑤ B銀行は、「外国為替円決済制度」を通じて、日本人（受取人）の取引銀行であるC銀行（被仕向銀行）宛に支払指図の送信を行います。日本銀行内でB銀行の当座預金口座からC銀行の当座預金口座への振替処理が行われます（日銀ネット）。
⑥ C銀行にある日本人（受取人）の預金口座へ10,000円が入金されます。
⑦ C銀行は日本人（受取人）に10,000円の入金を通知します。

図8－1　外国為替円決済制度

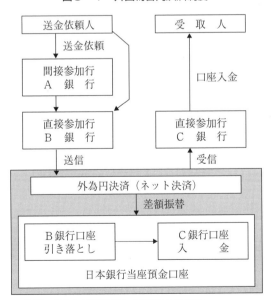

出所：『日本経済新聞』2003年8月28日

3 外国為替取引：直物為替取引 vs. 先渡為替取引

【外国為替（外貨）の取引：直物取引，先渡取引，通貨派生取引】

外国為替（外貨：ドル）の取引は，直物（じきもの）取引，先渡（さきわたし）取引，通貨派生取引（通貨先物，通貨オプション，通貨スワップ）の3つに大別されます。

【直物為替取引 vs. 先渡為替取引】

外貨（ドル）の売買契約時点と受け渡し（円を支払って，ドルを受け取る，あるいは逆にドルを支払って，円を受け取る）時点が一致しているのか否かによって，「直物為替取引 vs. 先渡為替取引」があります。「直物為替取引」は本日，ドル買いの契約を行うと，翌々日までに円を支払わねばなりません（受け渡しがすぐに行われないのは，電信などによる確認の時間が2〜3日かかるからです）。「先渡（例えば，1カ月先渡）為替取引」は，本日，ドル買いの契約を行うと，翌々日（応当日）から1カ月後までに円を支払わねばなりません。

直物為替取引（スポット取引）は本日の「直物為替レート（スポット・レート）」でドルの売買を行い，先渡為替取引（フォワード取引）は本日の「先渡為替レート（フォワード・レート）」でドルの売買を行います。つまり，1カ月先渡為替取引は翌々日（応当日）から1カ月後までに，その時々の直物為替レートのいかんにかかわりなく，あらかじめ予約した為替レート（本日の「先渡為替レート」）でドルの売買を行います。先渡取引は相対（あいたい）取引であり，当事者が合意するいかなる期間の取引も可能であるが，一般的には1週間，2週間，1カ月〜12カ月です。

【アウトライト：単独の先渡取引】

為替レート変動リスクを軽減するために実際に行われる先渡取引（フォワード取引）は，一時点で売る（買う）契約とその後の別時点で買う（売る）契約を同時に結ぶ「スワップ取引」として行われています。単独の先渡取引は「アウトライト」と呼ばれています。

【先渡為替取引とリスクヘッジ】

先渡為替取引を利用することにより，将来ドルが必要な人は，本日時点で，将来のある時点を受渡日とするドルを本日の「先渡為替レート」で買うことができます。逆に，将来ドルを入手する人は，本日時点で，将来のある時点を受渡日とするドルを本日の「先渡為替レート」で売ることができます。先渡為替取引を利用することにより，将来時点の直物為替レートのいかんにかかわりなく，あらかじめ予約した為替レートでドルを売買でき，ドル価格の上昇・下落によって損失を被るリスクを避けることができます。

4　外国為替取引：通貨派生取引

【通貨派生取引：通貨先物，通貨オプション，通貨スワップ】

通貨先物（フューチャーズ）取引，通貨オプション取引，通貨スワップ取引は売買対象が通貨そのものではないので，「通貨派生取引」と呼ばれています。

(1)　**通貨先物（フューチャーズ）取引**

① 将来の決済日（満期時）に，先渡取引はドルの受け渡しを実際に行うが，先物取引はドルの受け渡しを必ずしも行う必要はありません。通貨先物取引は為替レートを対象にした賭けにすぎません（満期日の先物レートはその日の直物レートに一致します）。

② 先渡取引では決済日（満期時）まで現金の受け渡しはありませんが，通貨先物取引では毎日の「値洗い」によって為替レート変動による差額の決済のために現金の受け渡しが生じます。

(2)　**通貨オプション取引**

「通貨オプション」は，ある通貨を，ある一定期日（通知期日）に，ある一定価格（行使価格）で売買する権利のことです。通貨を買う権利はコール・オプション，通貨を売る権利はプット・オプションとそれぞれ呼ばれています。

(3)　**通貨スワップ取引**

異なる通貨間のキャッシュフローを交換する（スワップする）取引は「通貨

スワップ取引」と呼ばれています。例えば，ドルでの支払いのためドル建て社債を発行して，通貨スワップで円に交換すれば，利払いや元本償還が円になるため，将来の支払いが円貨で確定します。通常は，金利（クーポン）の交換だけでなく，取引の開始時や終了時に元本の交換も行われますが，元本の交換をせずに金利部分だけを交換する通貨スワップは「クーポン・スワップ」と呼ばれています。通貨スワップ取引は取引所を通さずに当事者間で直接取引を行うという店頭取引（相対取引）によって行われるので，交換する期間や交換条件などは当事者間であらかじめ取り決められます。

第9章 外国為替市場（外貨の売買市場）

【外国為替市場 vs. 外貨の売買市場】

　生活の上では「外国為替」は外貨と理解されているので，項目名に「外国為替市場（外貨の売買市場）」と付けましたが，概念上は「外国為替」と外貨は同じものではないので，外国為替市場と外貨の売買市場は同じものではありません。外国為替は，概念上・抽象的には金融機関を仲介役とした国際的な資金決済の仕組みであり，生活上・具体的には対外支払いに用いられる外貨建ての決済手段（小切手，旅行小切手，現金，為替手形，預金など）です。外国為替市場は，生活上・具体的には，対外支払いに用いられる外貨建ての決済手段（小切手，旅行小切手，現金，為替手形，預金など）の売買市場のことです。

1　外国為替市場（外貨の売買市場）

【日本の外国為替市場はドル預金の売買市場】

　狭い意味での「外国為替市場」は，実際には，金融機関（外国為替銀行）間における，対外決済に用いられる外貨建て預金の売買市場のことです。日本ではドル預金が外貨建て預金，円預金が自国通貨建て預金，米国では円預金が外貨建て預金，ドル預金が自国通貨建て預金です。日本の外国為替市場はドル預金の売買市場，米国の外国為替市場は円預金の売買市場です。

2　外国為替市場の実際

【インターバンク市場（銀行間市場）vs. 対顧客市場】

　外国為替市場は外国為替の売買が行われる場（異なった通貨が交換される場）のことであり，誰と誰が売買取引を行っているかによって，「インターバンク市場（銀行間市場）」と「対顧客市場」に分類されます。通常，外国為替市場という場合，インターバンク市場を指します。

【テレフォン・マーケット vs. スクリーン・マーケット】

　インターバンク市場の参加者の間には，専用の電話回線が敷かれ，その電話回線を通して売買取引が行われるところから，外国為替市場（インターバンク市場）は「テレフォン・マーケット」と呼ばれています。最近では，ロイターの通信端末などのモニター画面を使って取引を行う電子ブローキングに変わってきているところから，外国為替市場（インターバンク市場）は「スクリーン・マーケット」と呼ばれています。

【各国の外国為替市場の取引時間帯】

　各国の外国為替市場の取引時間帯は時差のため少しずつ重なって，ずれています。外国為替市場の1日はシドニーに始まり，東京，香港，シンガポール，チューリッヒ，フランクフルト，ロンドン，ニューヨークと東から西へ地球を一回転します。

　東京外国為替市場は24時間オープンの市場ですが，以前，取引時間が制限されていた頃の慣習で，午前9時から午後3時30分が主要な取引時間帯です。世界の外国為替市場では，取引高ベースで，東京はロンドン，ニューヨークに次ぐ第3位の市場です。

3　インターバンク市場（銀行間市場）vs. 対顧客市場

　対顧客市場は国際取引の決済に伴う外国為替需給が生じる市場，銀行間市場はその需給を調整する市場です。

(1)　インターバンク市場（銀行間市場）

【インターバンク市場】

　インターバンク市場は，金融機関と金融機関が外国為替の売買取引を行っている場であり，外国為替取引を行う金融機関，インターバンク取引の仲介をする外国為替ブローカー，金融当局（財務大臣の代理として公的介入を行う日本銀行）の三者から構成されています。インターバンク市場の主役は金融機関であるが，金融機関が互いにどのように売買取引を行うのかによって，「金融機関間同士の直接取引（直取引：ダイレクト・ディーリング）」と「外国為替ブローカーを経由する取引」に分類されます。

【インターバンク市場の参加者：ブローカー vs. ディーラー】

　インターバンク市場には「ブローカー（仲介業者）」，「ディーラー（銀行，証券会社，信用金庫など）」と呼ばれる2種類の市場参加者がいます。ブローカーは外貨の自己売買や保有をしないのに対し，ディーラーは自己勘定で外貨取引を行います。

【インターバンク市場の取引：直接取引 vs. 外国為替ブローカーを経由する取引】

① 金融機関同士の直接取引（直取引：ダイレクト・ディーリング）

　A銀行がB銀行からドルを買ったり，B銀行へドルを売ったりしたいとしましょう。A銀行はB銀行をスクリーン上に呼び出して，値（外国為替レート：ドルの値段）を求めます。B銀行は，これに応えて，建て値（「ビッド（買値）」と「オファー（売値）」）を提示します。A銀行が売りたければB銀行の提示したビッド（買値）で売り，A銀行が買いたければB銀行の提示したオファー（売値）で買います。B銀行が提示した建て値を気に入らなければ，A

銀行は売買取引を行う必要はありません。

② 外国為替ブローカーを経由する取引

金融機関は，ドルの売買の注文（外貨の種類，希望取引金額，希望の外国為替レート）を外国為替ブローカーに提示します。外国為替ブローカーは，取引金融機関から出された買値と売値の中で，最も高い買値と最も低い売値を市場レートとし，ドルを売りたい金融機関は外為ブローカーが提示する買値で，買いたい金融機関は外為ブローカーが提示する売値で，売買取引を行います。取引金融機関名は取引成立後に外為ブローカーから告げられます。

【スプレッド】

「スプレッド＝オファー（売値）－ビッド（買値）」です。ディーラーは，取引を円滑化（市場の流動化）するための為替リスクと在庫管理コストの代償として，ドルをより低い価格で買い，より高い価格で売ることによる「スプレッド」を要求します。スプレッドは取引費用とみなされ，取引高が増えれば増えるほど，為替レートの変動が小さくなればなるほど，縮小します。

(2) 対顧客市場

対顧客市場は，金融機関と顧客（個人，商社，生命保険会社，損害保険会社，メーカーなど）が外国為替の売買取引を行っている場です。

4 東京外国為替市場の参加者：金融機関，外国為替ブローカー，金融当局

【東京外国為替市場（インターバンク市場）は三者から構成】

東京外国為替市場（インターバンク市場）は，金融機関，外国為替ブローカー，金融当局（財務省と日本銀行）の三者から構成されています。

① 金融機関

インターバンク市場の主役は金融機関です。金融機関は，「対顧客取引のカバー取引」と「為替差益を狙った投機目的の売買（ディーリング）」のために，外国為替取引（外国為替の売買取引）を行います。対顧客取引のカバー取引と

は，金融機関が顧客との取引により外国為替ポジション［顧客にドルを売れば
ドル不足（ドルの売り持ち：ショート），顧客からドルを買えばドル余剰（ド
ルの買い持ち：ロング）］が発生したとき，このポジションを調整するために，
他の金融機関との間で外国為替取引を行うことです。ある顧客がＡ銀行から
100ドル買ったとしましょう。Ａ銀行の外国為替ポジションは，100ドルの売り
持ち（ショート）になります。Ａ銀行が為替リスク（ドルの価格変動リスク）
を持ちたくなければ，外国為替市場で反対取引（100ドルの購入）をして，ポ
ジションをスクェアー（ゼロ）にします。これが「カバー取引」と呼ばれてい
るものです。為替差益を狙った投機目的の売買（ディーリング）とは，ある顧
客がＡ銀行から100ドル買った（100ドルの売り持ちになった）ときに，Ａ銀行
がドル価格の下落を見通して，外国為替市場で反対取引（100ドルの購入）を
せず，つまり100ドルの売り持ちのままにして，為替差益をねらうことです。

② 外国為替ブローカー

　外国為替ブローカーは，インターバンク市場で，金融機関間の外国為替取引
を仲介する業務を行っています。外国為替ブローカーは，外国為替の売手・買
手の双方から売買仲介手数料を受け取り，外国為替ポジション（ショートある
いはロング）を持つことはありません。外国為替ブローカーには，東京フォ
レックス，メイタントラディション，上田ハローなどがあります。

③ 金融当局（財務省と日本銀行）

　金融当局（財務省と日本銀行）は，為替レート（ドルの価格）の乱高下を防
ぐために外国為替市場に介入（インターベンション）します。つまり，ドル
高・円安を防ぐために「ドル売り・円買い」，ドル安・円高を防ぐために「ド
ル買い・円売り」します。ドル売り介入であれば，市場介入資金は外貨準備の
ドルを使います。ドル買い介入であれば，市場介入資金は政府短期証券を発行
して調達した円資金を使います。

【外国為替銀行と「為銀（ためぎん）主義」】

　外国為替取引（外国為替業務，両替業務）を行う銀行は「外国為替公認銀
行」と呼ばれていました。1998年4月の「外国為替及び外国貿易管理法（外為

法)」改正で「為銀（ためぎん）主義」が撤廃されるまでは，同法により，外国為替取引は必ず外国為替公認銀行と行うように制限されていました。為銀主義が撤廃されてからは，外国為替取引は企業間でも自由に行えるようになりました。

【オープン・ポジション（ロング vs. ショート）vs. スクェア・ポジション】

ディーラーはマーケット・メーカーとしての役割を果たすために外貨の在庫を自己勘定で持ち合わせています。ある通貨に対しての債権が債務を上回る場合は「買い持ち」（ロング・ポジション），債務が債権を上回る場合は「売り持ち」（ショート・ポジション）とそれぞれ呼ばれ，債権額と債務額が一致しない持ち高状態である両者は「オープン・ポジション」と総称されています。債権額と債務額が一致する持ち高状態は「スクェア・ポジション」と呼ばれています。ディーラーの外貨持ち高がオープン・ポジションであるとき，ディーラーは為替リスクを負うことになります。

【公的介入（平衡操作）】

金融当局は，為替レート（ドルの価格）の変動を安定化するため，外国為替市場（インターバンク市場）でドルの売買を行い，それは「公的介入」あるいは「平衡操作」と呼ばれています。

第10章 外国為替レート

【円・ドル交換レート（為替レート）は「ドル」うどんの値段】

「為替レート」は exchange rate の訳語であり，各国通貨間（例えば，円とドルの間）の交換比率のことです。円と１枚のドル紙幣との交換比率は為替レートと呼ばれているが，円と１杯のうどんの交換比率は単にうどんの値段と呼ばれるにすぎません。為替レートと言うから難しいように聞こえるのであって，１枚のドル紙幣，１枚のユーロ紙幣をきつねうどん，天麩羅うどんのように考えれば，単に，「１ドル＝117円50銭」はドル紙幣１枚の値段，「１ユーロ＝148円20銭」はユーロ紙幣１枚の値段とみなすことができます。為替レートを難しく考えないコツは，ドル，ユーロをうどん屋に行って並んでいる「・・うどん」と考えることです。日本人が行くうどん屋には「ドル」うどん,「ユーロ」うどんなどが並べられ，米国人が行くうどん屋には「円」うどん,「ユーロ」うどんなどが並べられているようなものです。日本人はドル安を問題にし，米国人は円高を問題にすればよいのです。

1　外国為替レート：外貨の価格

【為替レートの実際：銀行間直物レート】

テレビ，ラジオで報道される「円相場」は外貨（ドル，ユーロなど）の「銀行間直物」レートのことです。銀行間直物は，次のことを意味しています。

① 銀行間レート

外国為替相場には，銀行間レートと顧客レートの２種類があります。「銀行間レート」は金融機関間の卸値，「顧客レート」は金融機関と個人・企業間の

小売値です。銀行へ行くと，電信売相場（TTS）や電信買相場（TTB）を見かけますが，TTSのSは売り（Sell），TTBのBは買い（Buy）をそれぞれ意味しています。このときの「売り」「買い」は銀行から見ての呼び名であるので，顧客から見れば，銀行で，外貨（ドルなど）を買う値段がTTS，外貨（ドルなど）を売る値段がTTBです。外国為替相場は，銀行間（インターバンク）市場で決まり，各銀行はそれに基づいて顧客レートを決定しています。

② 直物（じきもの）レート

外国為替相場には，直物レートと先渡レートの2種類があります。銀行間直物とは，外貨の売買契約から，円と外貨との実際の交換受け渡しを行うのが2営業日後（つまり翌々日，例えば火曜日のときは木曜日）までであることを意味しています。

【直物レートと先渡レート】

「直物（じきもの）」とは，ドルを売った，買ったという契約をしてから，実際の円とドルとの交換（受け渡し）を行うのが2営業日後（つまり翌々日で，例えば，火曜日のときは木曜日）までであることを意味しています。「直物」に対するものとして「先渡（さきわたし）」があります。例えば，1カ月先渡について言えば，7月1日にドルを売った，買ったという契約をしたとき，7月3日が起算日（直物取引の受渡日）となり，それから1カ月先の8月3日が応当日（先渡取引の受渡日）になります。つまり，売り買いの契約と現金の受け渡しがほぼ同時なのが「直物」，ほぼ1カ月離れれば「1カ月先渡」，ほぼ3カ月離れれば「3カ月先渡」です。

【実際の円・ドル交換比率（為替レート）は単一ではない】

実際の円・ドル交換比率（為替レート）は単一ではありません。第1に外国為替市場では，各ディーラーが異なった為替レートを提示しています。第2に売り値と買い値という2つの為替レートがあります。単一の為替レートを明示するとすれば，それはある一時点（例えば，正午，取引終了時）における，売り値と買い値の中間値です。固定相場制の下でも，市場レートは通貨当局が定めた中心レートと一致することはまずありえません。

2 クロス・レートと中立変動幅：円，ドル，ユーロの3通貨

【媒介通貨とクロスレート：直接取引 vs. 間接取引】

　円，ドル，ユーロの3通貨を取り上げます。多数の通貨間の共通の表示基準となるドルのような通貨は「媒介通貨」と呼ばれています。円・ユーロ，円・ポンド，円・元などのドルを対価としない為替レートは「クロスレート」と呼ばれています。円・ドル交換比率，ユーロ・ドル交換比率から円・ユーロ交換比率を求めることは間接取引，ドルを通さないで円・ユーロ交換比率を求めることは直接取引とそれぞれ呼ばれています。直接取引での為替レートと間接取引でのクロス・レートが異なれば，両取引間の価格差を利用した裁定機会（間接裁定あるいは三角裁定）が生じます。

【中立変動幅】

　円，ドル，ユーロの3通貨を取り上げ，売買スプレッド（売値と買値の差額）があるとき，円からドルへ，ドルからユーロへで求められる円・ユーロ交換比率と，逆にユーロからドルへ，ドルから円へで求められる円・ユーロ交換比率との幅は「中立変動幅」と呼ばれ，円からユーロへ，あるいはユーロから円への直接取引で求められる円・ユーロ交換比率は中心レートから中立変動幅の範囲内で変動します。

【売買スプレッド】

　ブローカーが上下0.5％ずつ，合計1％のスプレッドを請求するとしましょう。1ドル＝100.00円のときの，売値（買手から見れば買値）は100.50円，買値（売手から見れば売値）は99.50円です。上下1円が「売買スプレッド」と呼ばれるもので，取引コストの一部です。

3 円高・ドル安,円安・ドル高

【日本人からは,円高ではなくドル安,円安ではなくドル高】

「うどん1杯=117円50銭」から「うどん1杯=115円50銭」になったとき,日本人はうどん安とは言っても,円高とは言いません。円高・ドル安を理解するコツは,1枚のドル紙幣を1杯の天麩羅うどんのように考えることです。そうすれば,ドル紙幣1枚が117円50銭から115円50銭になることは,ドルの値段が2円ちょうど安くなったこと,つまりドル安になったことと容易に理解できます。

【為替レート変化率の%表示:欧州方式 vs. IMF方式】

為替レートを表示するには,「直接表示」と「間接表示」の2通りの方法があります。直接表示(直接レート)は,ドル1単位の円建て価格です。たとえば,1ドル=100円です。間接表示(間接レート)は,円1単位のドル建て価格です。たとえば,1円=0.001ドルです。直接表示の1ドル=100円が1ドル=110円になったとしましょう。このときの間接表示は1円=0.001ドルから1円=0.0091ドルへ変化します。為替レート変化率のパーセンテージ表示は,直接表示では,

$$\left(\frac{110-100}{100}\right) \times 100 = 10\% \quad (円の減価:欧州方式)$$

です。直接表示では,

$$\left\{\frac{\frac{1}{110}-\frac{1}{100}}{\frac{1}{100}}\right\} \times 100$$

$$= \left(\frac{100-110}{110}\right) \times 100 = -9.09\% \quad (円の減価:IMF方式)$$

です。

4　2国間為替レート vs. 実効為替レート

【2国間為替レート vs. 実効為替レート】

　「為替レート」には，円ドル交換レートや円ユーロ交換レートに代表される「2国間為替レート」と，複数の2国間レートを用いて特定通貨の水準を指数化した「実効為替レート」があります。実効為替レート（基準年に対する指数）は，第i国との2国間為替レート（基準年を決めて指数化）を，貿易量をもとにしたウェイトで，加重平均（加重算術平均，加重幾何平均）したものです。つまり，実効為替レートは円と外国通貨全体の交換比率です。ドルが円に対して高くなり，ユーロが円に対して安くなったとき，円はドルに対して円安ですが，ユーロに対しては円高です。円と外国通貨（ドル，ユーロなど）全体の交換比率は「実効為替レート」と呼ばれています。予測の対象となるのは2国間為替レートであるが，実物経済への影響を見る上では，実質実効為替レートが重要です。

【日本銀行は「実質実効為替レート」，IMFは「名目実効為替レート」「実質実効為替レート」】

　日本銀行は円の「実質実効為替レート」，IMFは主要国通貨の「名目実効為替レート」と「実質実効為替レート」をそれぞれ公表しています。日本銀行による円の実質実効為替レートは，日本の主要輸出相手国通貨に対する2国間為替レート（月中平均）を，当該国の物価指数で実質化したうえ，通関輸出金額ウェイトで加重平均したものです。

5　固定為替レート vs. 変動為替レート

【固定為替レート制度（固定相場制）vs. 変動為替レート制度（変動相場制）】

　対外取引に伴って外貨の需給が変化します。この外貨需給の変化に対して，

第3部　国際金融論

固定為替相場制度下では，通貨当局が固定為替レートを維持するために，ドル売り・円買いあるいはドル買い・円売りの市場介入を行うことにより外貨準備が増減します。つまり，固定相場制は，通貨当局がある一定の円・ドル交換レートで，ドルの超過需要に対しては無限にドルを売り，逆にドルの超過供給に対しては無限にドルを買うことを意味しています。変動為替相場制度下では，為替レートが外貨需給均衡をもたらすように変動します。

① 固定為替レート制度（固定相場制）

　1ドル＝100円から1ドル＝90円になることは「円の切り上げ」，逆に1ドル＝90円から1ドル＝100円になることは「円の切り下げ」とそれぞれ呼ばれています。

② 変動為替レート制度（変動相場制）

　1ドル＝100円から1ドル＝90円になることは「円の増価」（円高／円が強くなる），逆に1ドル＝90円から1ドル＝100円になることは「円の減価」（円安／円が弱くなる）とそれぞれ呼ばれています。

第11章 外国為替レートの決定メカニズム：短期

【外国為替レートの決定メカニズム：短期，中期，長期】

　為替レート（銀行間直物レート）が，外国為替（ドル，ユーロなど）の需給を均衡させるように決定されるということは，短期，中期，長期のいずれをとっても成立するが，どれくらいの期間の為替レートを問題にするのかによって重点をおくべき需要・供給の内容は異なってきます。つまり，為替レートを決定するのは自国と外国との経済取引であり，国際間の経済取引には，財市場での取引と金融市場での取引があるので，為替レートは財市場と金融市場の両方の影響を受けて決定されます。問題は，為替レートの決定要因としての，財市場と金融市場の影響力は時間に依存して均等ではないということであり，短期では金融市場，長期では財市場，中期では財市場と金融市場の両方が影響力をもっています。本章では短期，次章では長期における為替レート決定理論を学習します。

1　外国為替レートの決定メカニズム：短期 vs. 長期

【外貨の需給は対外取引から生じる：経常取引 vs. 資本取引】

　円・ドル交換レート（為替レート：ドルの価格）は外国為替市場でのドル（外貨）の需要・供給の均衡により決定されます。ドル（外貨）の需要・供給は対外取引から生じるものであり，対外取引は，財貨・サービスに関わる「経常取引」と，金融資産・負債に関わる「資本取引」に大別されます。経常取引と資本取引の主たる相違点は次の2点です。

① 資本取引コスト（例えば，通信料）は経常取引コスト（例えば，運送料）

より低い。

② 資本取引の所要時間（数時間から数日）は経常取引の所要時間（数カ月から数年）より短い。

【金融市場 vs. 財貨・サービス市場：短期 vs. 長期】

国際取引に障壁がない場合，内外の金融市場はほぼ常時均衡状態にあるとみなせるが，内外の財貨・サービス市場は必ずしも常時均衡状態にあるとは限りません。為替レートの決定メカニズムにおける「短期 vs. 長期」の用語法についていえば，長期は内外の財貨・サービス市場と金融市場の両者が均衡状態に達する期間のことであり，短期は内外の金融市場のみが均衡状態に達する期間のことです。

【外国為替レートの決定メカニズム：短期】

金融市場における均衡のみが達成されるような短期における為替レート決定理論を取り上げます。短期では，実質GDP，物価水準，内外金融資産の供給残高は所与とみなします。金融市場での裁定の観点から，外国為替市場が満たさなければならない短期的均衡条件を考えましょう。

2　カバー付き金利平価（CIP）

【金利平価：資産の「一物一価の法則」】

２国間の資産市場において裁定が完全に働く場合には，「国内資産の円建て収益率＝外国資産の円建て収益率」といった「金利平価（Interest Parity）」と呼ばれている，資産の「一物一価の法則」が成立します。

金利平価が成立するための条件は次の通りです。

① 国際資本取引に対する障壁が存在しない。
② 資本取引コストが存在しない。
③ 収益率に関する情報が取引主体間で完全に共有されている。

【カバー付き金利平価：先渡契約によりカバーされた無リスクの裁定条件】

財貨・サービスの「一物一価の法則」はある時点での裁定の話であるが，収

益率は「$\dfrac{\text{収益フロー}}{\text{元本ストック}}$」で定義され，収益フローは2つの時点の間の期間（ここでは1年間を想定），元本ストックは1つの時点でそれぞれ測定されます。投資時点（資産の購入時点）を t，満期時点（資産の売却時点）を $t+1$ で表し，I_t ＝国内資産の円建て購入金額，I_{t+1} ＝国内資産の円建て売却金額，i_t ＝国内資産の円建て金利，$I^*{}_t$ ＝外国資産のドル建て購入金額，$I^*{}_{t+1}$ ＝外国資産のドル建て売却金額，$i^*{}_t$ ＝外国資産のドル建て金利，e_t ＝資産の購入時点（t）の直物為替レート，e_{t+1} ＝資産の売却時点（$t+1$）の予想直物為替レート，$f_{t,\ t+1}$ ＝資産の購入時点（t）の1年先渡為替レートとします。金利水準は表示通貨，リスク，流動性，満期までの期間といった金融資産・負債の性質により異なるが，ここでは，円建て国内資産とドル建て外国資産は表示通貨が異なることを除いて，同一であると仮定しています。

　投資家は，為替リスクを嫌うのであれば，ドル建て外国資産を購入する際に，先渡為替市場（先渡し契約）で，ドル建てで確定している売却金額をドル先渡売り（「カバー」）すればよいでしょう。

　国内資産，外国資産を同金額（I_t）購入したときの売却金額はそれぞれ，

$$I_{t+1} = I_t \times (1 + i_t)$$
$$I^*{}_{t+1} = I_t \times \left(\dfrac{1}{e_t}\right) \times (1 + i^*{}_t) \times f_{t,\ t+1}$$

です。カバーをした取引にはリスクがないので，裁定は国内資産，外国資産の売却金額が同一金額になるように働き，すなわち「カバー付き金利平価（Covered Interest Rate Parity：CIP）」が成立する場合，

$$I_{t+1} = I^*{}_{t+1}$$

つまり，

$$I_t \times (1 + i_t) = I_t \times \left(\dfrac{1}{e_t}\right) \times (1 + i^*{}_t) \times f_{t,\ t+1}$$

です。

$$(1 + i_t) = (1 + i^*{}_t) \times \left(\dfrac{f_{t,\ t+1}}{e_t}\right)$$

は，

$$1 + i_t - i^*{}_t = \left(\dfrac{f_{t,\ t+1}}{e_t}\right)$$

つまり，

109

$$i_t - i^*{}_t = \frac{(f_{t,\,t+1} - e_t)}{e_t}$$

と整理されます。

上式は先渡契約によりカバーされた無リスクの裁定条件であるという意味から，「カバー付き金利平価（CIP）」と呼ばれています。$\frac{(f_{t,\,t+1} - e_t)}{e_t}$ は，「先渡しプレミアム」と呼ばれ，CIPが成立するためには，内外金利差が先渡しプレミアムと等しくならなければならないことを意味しています。オフショア市場では，CIPを前提にして，各通貨建て別の金利と先渡為替レートが同時に設定されています。

【固定為替相場制下のCIP】

固定為替相場制下のCIPは「円建て金利＝ドル建て金利」を意味しています。このために，固定為替相場制下の金融当局はしばしば，金融政策の自由度を維持するために，国際資本移動への規制を課します。CIPが短期の円建て金融資産とドル建て金融資産との間でおおむね成立するようになったのは，外国人による国内投資（1979年2月）と現先取引（同年5月）が全面自由化された後のことです。

【為替リスクヘッジ：$(1 + i_t) \times e_t = (1 + i^*{}_t) \times f_{t,\,t+1}$ の2通りの解釈】

1年後に円通貨を必要とするドル保有者の為替リスクヘッジを取り上げます。

$$(1 + i_t) \times e_t = (1 + i^*{}_t) \times f_{t,\,t+1}$$

は「マネーマーケット・ヘッジ vs. フォーワード・ヘッジ」，「ディスカウント vs. プレミアム」の2通りに解釈できます。

(1) マネーマーケット・ヘッジ vs. フォーワード・ヘッジ

① マネーマーケット・ヘッジ

$(1 + i_t) \times e_t$ は，保有ドルを現時点の直物レート（e_t）で円に交換し，円建て金融資産に，現時点の金利（i_t）で1年間運用して得られる金額です。これは現時点でドルから円へ交換し，期間中の円・ドル交換レートの変動リスクを避けることができ，「マネーマーケット・ヘッジ」と呼ばれています。

② フォワード・ヘッジ

$(1 + i^*_t) \times f_{t,\ t+1}$ は，保有ドルをドル建て金融資産に，現時点の金利 (i^*_t) で1年間運用し，将来時点のドルを現時点の先渡レート $(f_{t,\ t+1})$ で円に交換し，期間中の円・ドル交換レートの変動リスクを避けることができ，「フォワード・ヘッジ」と呼ばれています。

(2) ディスカウント vs. プレミアム

$(1 + i_t) \times e_t = (1 + i^*_t) \times f_{t,\ t+1}$

より，

$$i_t - i^*_t = \frac{(f_{t,\ t+1} - e_t)}{e_t}$$

を得ることができます。$\frac{(f_{t,\ t+1} - e_t)}{e_t}$ は，「先渡しプレミアム」と呼ばれ，ＣＩＰが成立するためには，内外金利差が先渡しプレミアムと等しくならなければならないことを意味しています。$\frac{(f_{t,\ t+1} - e_t)}{e_t} > 0$，つまり $f_{t,\ t+1} > e_t$ は，先渡レートが直物レートより高いこと（円の減価）を意味し，「円がディスカウントにある」と呼ばれています。逆に，$\frac{(f_{t,\ t+1} - e_t)}{e_t} < 0$，つまり $f_{t,\ t+1} < e_t$ は，先渡レートが直物レートより低いこと（円の増価）を意味し，「円がプレミアムにある」と呼ばれています。

【カバー付き金利平価（CIP）：マネーマーケット・ヘッジ vs. フォワード・ヘッジ】

カバー付き金利平価（CIP）は，「マネーマーケット・ヘッジ」と「フォワード・ヘッジ」が同一であること，つまり直物為替取引と円建て金融資産市場での資金運用の組み合わせと，ドル建て金融資産市場での資金運用と先渡為替取引の組み合わせは同一の為替ヘッジ効果を有していることを示しています。このことは，直物為替取引，円建て金融資産市場，ドル建て金融資産市場の3市場が完備している世界では，為替リスクをヘッジしようとする者にとって，先渡為替市場は不要であることを示しています。

【先渡しディスカウント】

$(1+i_t) \times e_t = (1+i^*_t) \times f_{t,\,t+1}$ の両辺の自然対数をとると，

$ln(1+i_t) + lne_t = ln(1+i^*_t) + lnf_{t,\,t+1}$

$i_t - i^*_t \fallingdotseq lnf_{t,\,t+1} - lne_t$

が得られます。$lnf_{t,\,t+1} - lne_t$は「先渡しディスカウント」と呼ばれています。先渡しディスカウントにある通貨で表示された資金の金利は，ディスカウントの分だけ他通貨建ての資産の金利を上回っています。

3　カバーなし金利平価（UIP）

【「カバーなし」は将来の為替レートについての「賭け」】

　カバー付き金利平価（CIP）が成立しているときは，投資家は円建てで資金運用しようが，ドル建てで資金運用しようが収益率は同じです。つまり，投資家が先渡為替取引を行えば，為替レート変動リスクを回避でき，「円建て金融資産の収益率＝ドル建て金融資産の収益率」です。

　ハイリスクはハイリターンであり，投資家は，為替レート変動リスクを負担するならば，ハイリターンを求めることができます。つまり，投資家は，将来の直物為替レートに関する投機的な判断にもとづき，ドル建て金融資産を購入する際に，ドル建てで確定している売却金額をドル先渡売りせず，オープン・ポジションをとる（将来の為替レートについての「賭け」をする）ことができます。

【「カバー（先渡カバー）なし金利平価」あるいは「オープン金利平価」】

　円建て金融資産，ドル建て金融資産を同金額（It）購入したときの売却金額はそれぞれ，

$I_{t+1} = I_t \times (1+i_t)$

$I^*_{t+1} = I_t \times \left(\dfrac{1}{e_t}\right) \times (1+i^*_t) \times e_{t+1}$

です。もし市場参加者が一様の期待をもち，金利裁定が働けば，つまり「カバー（先渡カバー）なし金利平価（Uncovered Interest Rate Parity：UIP）」

が成立する場合,

$$I_{t+1} = I^*_{t+1}$$

つまり,

$$I_t \times (1 + i_t) = I_t \times \left(\frac{1}{e_t}\right) \times (1 + i^*_t) \times e_{t+1}$$

です。

$$(1 + i_t) = (1 + i^*_t) \times \left(\frac{e_{t+1}}{e_t}\right)$$

は,

$$1 + i_t - i^*_t = \left(\frac{e_{t+1}}{e_t}\right)$$

つまり,

$$i_t - i^*_t = \frac{(e_{t+1} - e_t)}{e_t}$$

と整理されます。$(1 + i_t) = (1 + i^*_t) \times \frac{(e_{t+1})}{e_t}$ の両辺の自然対数をとると,

$$i_t - i^*_t \fallingdotseq \ln e_{t+1} - \ln e_t$$

です。

e_{t+1} = 資産の売却時点 ($t + 1$) の予想直物為替レート, $\frac{(e_{t+1} - e_t)}{e_t}$ は為替レートの予想変化率（円の期待減価率）であり, 上式は「カバーなし金利平価 (Uncovered Interest Rate Parity：UIP)」あるいは「オープン金利平価」と呼ばれています。

【リスク・プレミアム】

「先渡為替レート－予想直物為替レート ($f_{t, t+1} - e_{t+1}$)」をリスク・プレミアムと定義すれば, UIPが成立する場合はリスク・プレミアムがゼロとなります。これは円建て金融資産とドル建て金融資産が完全代替であることを示しています。

【円の減価に対するプレミアム vs. ドルの減価に対するプレミアム】

$f_{t, t+1}$（1ドル120円）＞e_{t+1}（1ドル110円）はドルに比べて円のリスクが大きいこと（円の減価）, 逆に$f_{t, t+1}$（1ドル100円）＜e_{t+1}（1ドル110円）は円に比べてドルのリスクが大きいこと（ドルの減価）をそれぞれ意味しています。$f_{t, t+1} > e_{t+1}$ のときは, 円の減価に対してプレミアムを支払い, $f_{t, t+1} < e_{t+1}$

のときは,ドルの減価に対してプレミアムを支払います。

【先渡為替レート($f_{t,\ t+1}$)＝予想直物為替レート＋リスク・プレミアム】

$$i_t - i^*_t = \frac{(f_{t,\ t+1} - e_t)}{e_t} \quad \text{(CIP)}$$

$$i_t - i^*_t = \frac{(e_{t+1} - e_t)}{e_t} \quad \text{(UIP)}$$

がともに成立するためには,「$f_{t,\ t+1} = e_{t+1}$」が成立しなければなりません。RP＝リスク・プレミアムとし,先渡為替レート($f_{t,\ t+1}$)と予想直物為替レート(e_{t+1})の関係を一般化すれば,

$$f_{t,\ t+1} = e_{t+1} + RP$$

です。

(1) *RP*（リスク・プレミアム）≠0

① *RP*＞0

$RP > 0$のときは,「$f_{t,\ t+1} > e_{t+1}$」であり,これは将来ドルを買いたい人にとって,将来ドル高・円安になるリスクが高い(「ドルに比べて円のリスクのほうが大きい」)ことを示しています。RPは円の減価(円安)に対して支払うプレミアム(リスク・プレミアム)です。

② *RP*＜0

$RP < 0$のときは,「$f_{t,\ t+1} < e_{t+1}$」であり,これは将来ドルを売りたい人にとって,将来ドル安・円高になるリスクが高い(「円に比べてドルのリスクのほうが大きい」)ことを示しています。RPはドルの減価(ドル安)に対して支払うプレミアム(リスク・プレミアム)です。

(2) *RP*（リスク・プレミアム）＝0

$RP = 0$のときは,「$f_{t,\ t+1} = e_{t+1}$」であり,円建て金融資産とドル建て金

融資産が完全代替であることを意味しています。

4　期待インフレ率を明示したカバーなし金利平価

【期待インフレ率を明示したカバーなし金利平価】

$$i_t - i^*_t = \frac{(e_{t+1} - e_t)}{e_t} \quad \text{(UIP)}$$

であり，r＝実質金利，i＝名目金利，π＝インフレ率とし，上添字 e で予想（期待）を表すとすれば，事後では，

$$(1+r)(1+\pi) = (1+i) \quad \text{あるいは} \quad r + \pi \fallingdotseq i$$

事前では，

$$(1+r^e)(1+\pi^e) = (1+i) \quad \text{あるいは} \quad r^e + \pi^e \fallingdotseq i$$

です。期待実質金利（r^e）が実物要因によって決定され，短期においては一定（r^e_0）とみなしうるので，

$$i = r^e_0 + \pi^e$$

です。上式は「フィッシャー式」と呼ばれ，期待インフレ率が1％上昇すると，名目金利は1％上昇します。

かくて，期待インフレ率を明示したカバーなし金利平価（UIP）は，

$$\frac{(e_{t+1} - e_t)}{e_t} = r^e_0 + \pi^e - i^*_t$$

であり，上記の式から次の2点を指摘できます。

① 日本の期待インフレ率の上昇は日本の名目金利を上昇させ，円建て金融資産の収益率を高め，名目為替レートを増価（円高）させる。
② 日本の期待インフレ率の上昇はPPPを通して期待為替レートを減価（円安）させる。

第12章 外国為替レートの決定メカニズム：長期

【裁定取引による「一物一価」】

　同一の財貨・サービス（財）が内外で異なった価格で取引されれば，貿易業者はその財を価格がより低い国で買い，より高い国で売ることにより利益を得ることができます。価格差を利用して利益を得ることは裁定（裁定取引）と呼ばれ，財市場での裁定は同一の財が同一の価格で取引されるようにさせます。

1　一物一価の法則

【「一物一価の法則」が成立するための3つの条件】

　2国間の財貨・サービス市場（財市場）において裁定が完全に働く場合には，任意のi財について，$P_i = i$財の国内の円建て価格，$P_i^* = i$財の外国のドル建て価格，$e = $為替レート（円・ドル交換比率：$\frac{円}{ドル}$）とすると，

　　$P_i = e \times P_i^*$　（国内財の円建て価格＝国外財の円建て価格）

といった「一物一価の法則」が成立します。「$P_i = e \times P_i^*$」はi財市場における均衡条件を示すものであり，P_i, e, P_i^*の間の因果関係を示すものではありません。

　同一のi財について，$P_i > e \times P_i^*$（日本高，外国安）ならば，$P_i = e \times P_i^*$になるまで，日本は外国から輸入するでしょうし，逆に$P_i < e \times P_i^*$（日本安，外国高）ならば，$P_i = e \times P_i^*$になるまで，外国は日本から輸入（日本は外国へ輸出）するでしょう。

　一物一価の法則が成立するための条件は次の3つです。

① 　財の国際取引に対して障壁（関税，輸入の数量制限など）が存在しない。

② 財の取引コスト(例えば輸送費用)が存在しない。
③ 財の価格に関する情報が完全に共有される。

国際取引のコストが取引額に対して極端に高い財は「非貿易財」と呼ばれています。

2 購買力平価:絶対的購買力平価 vs. 相対的購買力平価

【購買力平価:「一物一価の法則」のマクロ均衡条件化】

「一物一価の法則」はミクロの概念であり,一物一価の法則をマクロの均衡条件として一般化したものが「購買力平価(Purchasing Power Parity:PPP)」です。通貨の購買力の逆数が一般物価水準であり,平価は等しいという意味であるので,購買力平価は2つの国の通貨の購買力が等しいことを意味しています。PPPを算出する際の物価は貿易財・非貿易財をくまなくカバーする消費者物価指数やGDPデフレータよりも,相対的に貿易財を多く含む企業物価指数が適していると言われています。

【絶対的購買力平価(水準)vs. 相対的購買力平価(変化率)】

(1) 絶対的購買力平価:水準

2国間の財貨・サービス市場(財市場)において裁定が完全に働く場合には,一般物価水準について,$P=$ 国内の円建て一般物価水準,$P^*=$ 外国のドル建て一般物価水準,$e=$ 為替レート(円・ドル交換比率:$\frac{円}{ドル}$)とすると,

$$P = e \times P^*$$

といった「絶対的購買力平価」が成立します。

上式は,

$$e = \frac{P}{P^*}$$

と書き換えることができ,それを為替レートが2国の一般物価水準の比率に等しいことを意味しています。

図12-1　絶対的購買力平価：水準

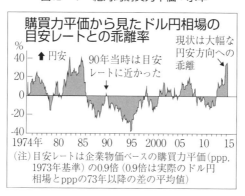

出所：『日本経済新聞』2015年6月9日

(2) 相対的購買力平価：変化率

$$P = e \times P^*, \quad e = \frac{P}{P^*}$$

は「絶対的購買力平価」であるが，それらの変化率版，すなわち，

$$\hat{P} = \hat{e} + \hat{P}^* \quad (円建ての国内のインフレ率＝円建ての外国のインフレ率)$$
$$\hat{e} = \hat{P} - \hat{P}^*$$

は「相対的購買力平価」です。ここで，$\hat{P}$＝国内の円建て一般物価水準変化率（国内のインフレ率），$\hat{P}^*$＝外国のドル建て一般物価水準変化率（外国のインフレ率），$\hat{e}$＝為替レートの変化率です。為替レートの変化率は2国の一般物価水準変化率の差に等しいことを意味しています。

国内インフレ率（$\hat{P}$）が外国インフレ率（$\hat{P}^*$）よりも高いときは，$\hat{e}$（$\left(\frac{円}{ドル}\right)$の変化率）＞0，つまり円安・ドル高です。逆に，国内インフレ率（$\hat{P}$）が外国インフレ率（$\hat{P}^*$）よりも低いときは，$\hat{e}<0$，つまり円高・ドル安です。きわめて高いインフレ率下では，相対的購買力平価が比較的短期においても成立することがあります。

3　実質為替レート

【実質為替レート vs. 実質為替レートの変化率】

　一般物価水準が安定的な場合には，すなわち，一般物価水準が硬直性をもつときには，為替レートの変化率は相対的購買力平価から乖離し，「$\hat{e} > \hat{P} - \hat{P}^*$」あるいは「$\hat{e} < \hat{P} - \hat{P}^*$」です。

$$e \times P^* \div P (\neq 1)$$

は「実質為替レート」と呼ばれ，

$$\hat{e} + \hat{P}^* - \hat{P} (\neq 0)$$

は実質為替レートの変化率です。実質為替レートと呼ばれる理由は $\dfrac{e}{\frac{P}{P^*}}$，つまり名目為替レートを相対価格で割っているからです。「実質」は一般には量の意味合いを持っているが，実質為替レートは相対価格としての意味合いしか持っていません。

【実質為替レートの上昇（減価）vs. 実質為替レートの下落（増価）】

　実質為替レートの上昇（減価）は，$\hat{e} + \hat{P}^* - \hat{P} > 0$，つまり$\hat{e} + \hat{P}^*$（円建ての外国インフレ率）$> \hat{P}$（円建ての国内インフレ率）を意味し，逆に，実質為替レートの下落（増価）は，$\hat{e} + \hat{P}^* - \hat{P} < 0$，つまり$\hat{e} + \hat{P}^*$（円建ての外国インフレ率）$< \hat{P}$（円建ての国内インフレ率）を意味しています。

　実質為替レートの上昇（減価）は，円建ての外国インフレ率＞円建ての国内インフレ率より，自国の財・サービスの潜在的国際競争力を高め，貿易・サービス収支を改善させます。逆に，実質為替レートの下落（増価）は，円建ての外国インフレ率＜円建ての国内インフレ率より，自国の財・サービスの潜在的国際競争力を低め，貿易・サービス収支を悪化させます。

【実質為替レートの変化とPPPからの乖離】

　実質為替レートの変化は相対価格の絶対水準ではなく基準時点からの変化を示しています。PPPが成立していた基準時点が分からない限り，実質為替レー

トの変化がPPPからの乖離を縮小するのか，拡大するのかを知ることはできません。

【実質為替レート vs. 名目為替レート】

物価変動が国によって大きく異なるとき，実質為替レートは名目為替レートより小さな変動を示し，長期的には，より完全な財貨・サービス市場の裁定の影響を受けるので，平均的水準に収束する傾向があります。

4　バラッサ＝サムエルソン効果

【実物経済の変化の実質為替レートへの影響：バラッサ＝サムエルソン効果】

実物経済の変化が実質為替レートに影響を与える代表的な例として，貿易財と非貿易財の生産性上昇率格差が貿易財と非貿易財の相対価格の変化を通じて実質為替レートに影響を与えるという「バラッサ＝サムエルソン効果」があります。

【非貿易財の生産性・価格 vs. 貿易財の生産性・価格】

非貿易財では低所得国と高所得国の生産性格差は小さいが，貿易財では低所得国と高所得国の生産性格差は大きく，高所得国の生産性はきわめて大きいです。ですから，低所得国が高所得国へ経済発展する過程で，非貿易財の生産性向上が遅れ，貿易財の生産性向上が進み，$\dfrac{\text{非貿易財の価格}}{\text{貿易財の価格}}$ は上昇します。

【貿易財の生産性上昇（貿易財の価格下落）による実質為替レートの下落（増価）】

P ＝国内の円建て一般物価水準，P^* ＝外国のドル建て一般物価水準，P_T ＝国内の貿易財の円建て価格，P_N ＝国内の非貿易財の円建て価格，$P_T{}^*$ ＝外国の貿易財のドル建て価格，$P_N{}^*$ ＝外国の非貿易財のドル建て価格，a ＝国内の一般物価水準における貿易財価格のウェイト，a^* ＝外国の一般物価水準における貿易財価格のウェイト，e ＝為替レートとすると，

貿易財における購買力平価は，

$P_T = e \times P_T{}^*$

$$e = \frac{P_T}{P^*_T}$$
$$\hat{P}_T = \hat{e} + \hat{P}_T^*$$
$$\hat{e} = \hat{P}_T - \hat{P}_T^*$$

であり，$\hat{P}$, $\hat{P}^*$は，
$$\hat{P} = a\hat{P}_T + (1-a)\hat{P}_N$$
$$\hat{P}^* = a^* \hat{P}^*_T + (1-a^*)\hat{P}^*_N$$

です。

実質為替レートの変化率は，
$$\hat{e} + \hat{P}^* - \hat{P} = (1-a^*)(\hat{P}^*_N - \hat{P}^*_T) - (1-a)(\hat{P}_N - \hat{P}_T)$$

です。

他国と比べて経済成長率が高い国においては，貿易財の生産性が相対的に上昇し，貿易財の価格が相対的に下落（$\hat{P}_T < 0$）するので，$(\hat{P}_N - \hat{P}_T) > 0$ となり，$(\hat{P}^*_N - \hat{P}^*_T)$ が不変であるとすると，実質為替レート（$\hat{e} + \hat{P}^* - \hat{P}$）は下落（増価）します。

第13章　国際通貨と外国為替制度

【通貨：国内通貨 vs. 国際通貨】
① 国内通貨

国内通貨は，国内で，一般的交換手段，一般的価値尺度，一般的価値貯蔵手段としての役割を果たしています。

② 国際通貨

すべての通貨が国際取引で一様に使われているわけではありません。国際通貨は，媒介通貨，表示通貨，保有資産としての3つの役割を果たしています。

1　固定相場制 vs. 変動相場制

【外国為替制度：固定相場制 vs. 変動相場制】
(1)　固定相場制（ペッグ（釘付け）制）

外国為替市場介入によって為替レートを一定の水準に抑える外国為替制度は「固定相場制（ペッグ（釘付け）制）」と呼ばれています。介入フロー額は国際収支表（IMF国際収支マニュアル第5版ベース）の外貨準備増減として計上されます。ただし，実際には，通貨当局が一定の単一水準で為替レートを固定することはしません。通常，中心レートの上下に一定パーセンテージの許容変動幅が設けられています。変動幅が大きくなればなるほど，固定相場制は変動相場制に近くなります。固定相場制はマネタリーベースが対外的要因に影響される為替制度です。

(2)　変動相場制（フロート制）

外国為替市場の需給関係によって為替レートが自由に決定される外国為替制

度は「変動相場制（フロート制）」と呼ばれています。

① 管理フロート（ダーティー・フロート）

通貨当局によるかなりの市場操作がある場合は「管理フロート（ダーティー・フロート）」と呼ばれています。

② クリーン・フロート

通貨当局の市場操作がない場合は「クリーン・フロート」と呼ばれています。変動相場制の下では，通貨当局は外為市場操作を行わないので，通貨当局勘定の対外資産額とマネタリーベースが変化することはありません。変動相場制の下では，マネタリーベースは国内要因のみに依存しています。

【クローリング・ペッグとクローリング・バンド】

通貨当局が自国通貨の価値を一定期間にわたり特定の方向に誘導するために，通貨当局が中心レートを一定の率で（たとえば，1日に1％，1年に10％など）動かす為替政策は「クローリング・ペッグ」と呼ばれています。中心レートを必ずしも決めず，変動幅を設けて，その上下限を一定率で動かす為替政策は「クローリング・バンド」と呼ばれています。

【固定相場制のマネタリーベース vs. 変動相場制の為替レート：外為市場における需給変化の調整】

変動相場制の下では，為替レートの動きが外為市場における需給変化の調整を行うのに対し，固定相場制の下では，マネタリーベースの動きが外為市場における需給変化の調整を行います。したがって，為替レートの変動幅が小さくなればなるほど，金融政策の独立性（自由度）は低くなります。

2　商品本位制

【商品本位制は固定相場制】

商品本位制は固定相場制であり，歴史上実際に採用された商品本位制には，金本位制，銀本位制，金銀複本位制などがあります。商品本位制における一定の為替レートの維持は，通貨当局の外為市場操作によるのではなく，通貨当局

が一定量の商品（金，銀）を一定の法定価格（平価）で交換するという保証の下，商品（金，銀）の輸出入という形で行われます。

【カレンシーボード】

「カレンシーボード」はマネタリーベースを対外資産の増減と同額変化させる通貨供給ルールであり，商品本位制に近い厳格な固定相場制です。

【「金本位制 vs. 銀本位制」と金銀複本位制】

(1) 金本位制 vs. 銀本位制

① 金本位制

金本位制は金に基づいた固定相場制です。金本位制下で，日本の通貨当局が金の平価を「金1グラム＝100円」と設定し，米国の通貨当局が金の平価を「金1グラム＝1ドル」と設定するのであれば，円のドルに対する平価は「1ドル＝100円」です。

日本の輸入業者が米国からの輸入のためにドルを買うとしましょう。ドル買いは，1つは外国為替市場でドルを直接買うことによって，もう1つは日本の通貨当局で円を金に交換し，その金を米国に輸出して，米国の通貨当局でドルに交換することによって行うことができます。金平価＋金の輸送費＝「金輸出点」です。逆に，日本の輸出業者が米国への輸出から得たドルを売るとしましょう。ドル売りは，1つは外国為替市場でドルを直接売ることによって，もう1つは米国の通貨当局でドルを金に交換し，その金を日本に輸入して，日本の通貨当局で円に交換することによってそれぞれ行うことができます。金平価－金の輸送費＝「金輸入点」です。金本位制下の為替レートは，金平価を中心として，金輸出点と金輸入点の間を変動します。

② 銀本位制

銀本位制は銀に基づいた固定相場制です。銀本位制下で，日本の通貨当局が銀の平価を「銀1グラム＝1円」と設定し，米国の通貨当局が銀の平価を「銀1グラム＝0.01ドル」と設定するのであれば，円のドルに対する平価は「1ドル＝100円」です。

(2) 金銀複本位制

　金銀複本位制は金銀両金属に基づいた固定相場制です。日本の通貨当局が金，銀の平価を「金1グラム＝100円」，「銀1グラム＝1円」と設定するとき，金銀の法定交換比率は「金0.01グラム＝銀1グラム」です。金銀の法定交換比率と市場交換比率が同一である限り，金銀複本位制は金本位制と銀本位制の両方と整合的です。

　しかし，金銀の法定交換比率が「金1グラム＝銀100グラム」，市場交換比率が「金1グラム＝銀150グラム」と異なるときは，1グラムの金を保有している人は，金を通貨として使えば法定の100グラムの銀としか交換できないのに対し，それを市場で交換すれば150グラムの銀と交換できることになります。金の通貨としての価値は金の商品としての価値を下回ることになり，金は通貨として流通しなくなります。

　開放経済において，通貨当局が市場交換比率と異なる法定交換比率を維持しようとすれば，通貨として「安い」金は通貨当局の金庫から国外に流出し，「高い」銀は通貨当局の金庫に流入します。

【日本が銀本位制，米国が金本位制】

　日本が銀本位制（「銀1グラム＝1円」），米国が金本位制（「金1グラム＝1ドル」）をそれぞれ採用しているとしましょう。このような場合には，円ドル交換レートは金銀の市場交換比率（相対価格）に応じて変動します。金銀の市場交換比率が「金0.01グラム＝銀1グラム」であるとき，1ドルを保有している人は米国の通貨当局で1グラムの金と交換し，商品市場で，1グラムの金と銀100グラムと交換し，さらに銀100グラムを日本の通貨当局で100円に交換できます。したがって，円の対ドル平価は「1ドル＝100円」です。

3　外国為替制度の選択：固定相場制 vs. 変動相場制

【外国為替制度の選択：実体経済の面から vs. 政策の面から】

　外国為替制度の選択はどのように決定されるのでしょうか。固定相場制と変

動相場制の選択は，為替レートを固定化することの便益と費用の比較，為替レートを変動化することの便益と費用の比較によって決定されます。

(1) 実体経済の面から：通貨圏

ある地域において単一通貨が使用されるとき，あるいは為替レートが固定されるとき，その地域は1つの「通貨圏」を構成していると言われます。逆にいえば，1つの地域内で単一通貨，あるいは固定為替レートを採用していることをことさらに言うのは，その地域（1つの通貨圏）と他の地域（他の通貨圏）の間では変動相場制を採用していることが暗黙裡に前提されていることを意味しています。つまり，固定相場制と変動相場制の選択は「どこに通貨圏の境界線を引くか」という問題に置き換えることができます。

(2) 政策の面から

① 金融政策の独立性

名目為替レートの固定化，自由な国際取引（経常取引・資本取引）の維持，金融政策の独立性という3つを同時達成することはできません（国際金融のトリレンマ）。自由な国際取引を維持しながら固定相場制を導入することは，金融政策の独立性を放棄することを意味します。第1に，金融政策の独立性を放棄する費用は，金融政策の有効性が高い国（工業国）では高く，有効性が低い国（農業国）では低くなります。第2に，金融政策の独立性を放棄する費用は，世界の平均インフレ率に比べて許容インフレ率が低い（最適インフレ率が高い）国では高く，許容インフレ率が高い（最適インフレ率が低い）国では低くなります。

② 国際収支の調整

為替レートの変化は国際収支の不均衡を是正する効果的な手段です。もし内外価格が硬直的であれば，為替レートの変化は内外財の相対価格を変化させる唯一の方法です。しかし，為替レートの変化による相対価格の変化が国際収支の不均衡を是正するためには，輸出・輸入の価格弾力性が一定以上の大きさをもっていなければなりません。これは価格弾力性が低い農産品を輸出し，同じく価格弾力性が低い生活必需品を輸入する小さな発展途上国にとって，変動相

場制を採択する便益は小さいことを意味しています。

③ 通貨危機の防止

以前は，発展途上国は，「小国であり，開放度が高い」，「農業国であり，生産は実体的な攪乱要因によって左右される」，「価格弾力性が低い農産品を輸出し，同じく価格弾力性が低い生活必需品を輸入している」，「外国為替市場の需給に季節性があり，取引の厚みが不十分で，先渡市場が存在しない」といった理由から，固定相場制をとるべきであるというのが通説でしたが，1990年代中頃から，通貨危機の防止が強調されるようになり，発展途上国は中間的な為替制度ではなく，変動相場制もしくはハードペッグのいずれかを選ぶべきであるという為替政策に関する「二極論」が主流となっています。2000年代のアルゼンチンの経験からハードペッグの問題が明らかになると，発展途上国にとっても，国際資本に対して開放的であろうとするならば，変動相場制が唯一の選択肢であるという見方が台頭してきました。そして，為替レートが果たしてきた名目アンカーの役割を担うため，変動相場制の採択に伴って，インフレ・ターゲットを導入すべきであると議論されています。

④ 政策の規律と市場の信認

固定相場制は，政策当局に規律を課すことによって，市場における政策の信認を高めるという役割を果たします。国民が自国通貨を持たなくなればなるほど，金融政策への信認が欠如し，外国通貨が流通するといった実質的なドル化が進みます。この場合，カレンシーボードというきわめて厳格な固定相場制を採用することによって，金融政策の独立性を完全に放棄することと引き換えに，市場から信認を得ることができるかもしれません。高インフレ国がインフレを抑えたり，小さな国がその通貨政策に市場の信認を必要とするとき，固定相場制は有益な手段となりえます。為替レートを主要通貨に固定し，物価水準を主要国の水準に抑えようとするとき，為替レートは「名目アンカー」の役割を果たしていると言われます。

4 主要先進諸国の変動相場制の評価

① 経常収支の調整から総合収支の調整へ

　変動相場制は経常収支の不均衡を調整すると期待されていましたが，1970年代初頭からの変動相場制への移行の下，主要国の経常収支の不均衡は固定相場制期と比べて大きくなりました。先進諸国間の資本移動の自由化が進んだ結果，資本取引の比重は大きくなり，変動相場制下の国際収支調整メカニズムは経常収支に関するものではなく，総合収支（＝経常収支＋資本収支）に関するものに変わってきました。

② 金融政策の独立性

　変動相場制は金融政策の独立性を維持すると期待されていましたが，1970年代初頭からの変動相場制への移行の下，主要先進諸国は外国為替市場での介入を行い，為替レートを操作してきました。金融政策は対外要因から完全に遮断されず，外貨準備を保有する必要もなくなりませんでした。

③ 撹乱要因の国際波及

　変動相場制は「経常収支の不均衡を調整する」，「金融政策の独立性を維持する」と期待されたことから，各国を海外の撹乱要因から遮断する「隔離効果」があると思われていました。しかし，経済統合が進んでいる現在にあって，変動相場制によって海外のショックから隔離されると考えることは誤りであることが明らかになってきました。

　主要先進諸国の現行変動相場制の改革案として以下のものが挙げられています。

① 固定相場制への復帰

　固定相場制を機能させるためには，国の数がNあれば，独立した為替レートの数は（N－1）しかなく，1つの国が為替レート設定の自由度を失うという「（N－1）国の問題」を解決しなければなりません。リーダーシップをとる大国（覇権国）がない場合，あるいはそのような大国の国内政策が規律を欠く

129

ものである場合，固定相場制は国際通貨制度として機能しません。

② ターゲット・ゾーン

ターゲット・ゾーンは，「均衡為替レート」を合意し，その上下に一定の変動幅（ゾーン）を設定するものです。各国は政策協調によりターゲットを維持することを期待され，大きな経済状況の変化があったときには，ゾーン自体が変更されます。ターゲット・ゾーンは，ある程度の金融政策の独立性を維持しながら，為替レートの変動を抑えようとするもので，固定相場制と変動相場制の折衷案です。

③ 国際マクロ政策協調

国際マクロ政策協調は，国際政策協調により，各国間の経済パフォーマンスの乖離を抑え，為替レートの変動を縮小しようというものです。しかし，これは固定相場制のもとで強いられる「政策の自律性の放棄」を，国際的合意にもとづいて自主的に行うことにより，為替レートを固定化するものです。

5　外為市場操作

【通貨当局の外為市場操作とマネタリーベース】

通貨当局勘定は，

対外資産＋国内信用＋その他資産＝現金通貨＋市中銀行預金（日銀当座預金）
＋その他負債

です。対外資産は，外国政府の発行した債券，海外に保有する外貨建て預金などを指し，外貨準備を円建てにしたものです。国内信用は，市中銀行への貸出，国債の保有などを指しています。その他資産は通貨当局のもつ不動産などを含んでいます。その他負債は政府預金，自己資本などを含んでいます。

マネタリーベースの増減要因を見るために，通貨当局勘定を書き換えると，

マネタリーベース＝現金通貨＋市中銀行預金（日銀当座預金）
　　　　　　　＝対外資産＋国内信用＋その他資産－その他負債

です。対外資産は，外国為替市場を通さない取引と外国為替市場を通じた取引

（通貨当局の外為市場操作）の2つの要因によって変化します。通貨当局の外為市場操作はマネタリーベースに影響を与えます。

【外為市場操作：不胎化された介入】

「不胎化された介入」は，マネタリーベースの総額を変えませんが，マネタリベースに対応する資産構成（対外資産 vs. 国内資産）比率を変えます。

通貨当局の円売り介入はドル建て資産を買って，円を売ること，つまり円売り介入はドル買い介入のことです。円の売りはマネタリーベースを増やすことになり，これを逆転させることが「不胎化」です。通貨当局においては，円売り介入により，資産としてドル建て資産（対外資産）が増え，負債としてマネタリーベースが増えます。これを不胎化することは，通貨当局において，円建て国内資産を売って，円を買うことです。つまり，不胎化により，資産として円建て資産（国内資産）が減り，負債としてマネタリーベースが減ります。結果として，通貨当局の資産はドル建て資産（対外資産）が増え，円建て資産（国内資産）が減り，負債はマネタリーベースが不変です。不胎化された円売り介入の結果，民間部門では，ドル建て資産（対外資産）が減り，円建て資産（国内資産）が増えています。民間部門のポートフォリオ構成の変化がファンダメンタルズに影響を与えるならば，不胎化された円売り介入は為替レートに影響を与えるかもしれません。

6 最適通貨圏

【最適通貨圏の理論：対内均衡と対外均衡の両立】

対内均衡（インフレなき経済成長）と対外均衡の両立という観点から，最適な通貨圏を構築するに当たって，政策当局者が考慮すべき実体経済上の基準を明らかにする理論は「最適通貨圏の理論」と呼ばれています。

① 生産要素の可動性

1つの地域で商品A，もう1つの地域で商品Bを生産しているとしましょう。いま商品Aに対する需要が減り，商品Bに対する需要が増えるとしましょう。

もし商品A，Bの価格が硬直的であれば，商品Aを生産する地域（地域A）では失業が生じ，商品Bを生産する地域（地域B）では人手不足が生じるでしょう。この場合，地域Aの失業者が地域Bに自由に移動できるならば，地域Aの失業も，地域Bの人手不足も同時に解決されます。しかし，もし生産要素（労働）の移動に制約があれば，地域間の経済不均衡は解決されません。生産要素（労働）の移動に制約がある場合の解決策は，地域Aと地域Bに別々の通貨を導入し，両通貨の間に変動相場制を採用することです。地域Aの通貨を地域Bの通貨に対して減価させることにより，商品Aの商品Bに対する相対価格が下がり，地域間の不均衡を是正することができます。

商品A，Bの価格が硬直的であるとき，変動相場制は地域間の価格変動の代用となることができます。生産要素の移動が制約される2つの地域は，別々の通貨圏を構成すべきです。逆に，生産要素の移動が自由な地域は，同一の通貨圏を構成すべきです。

② 実体経済の統合度

1つの地域（地域1）で商品Aと商品B，もう1つの地域（地域2）で商品Aと商品Bを生産しているとしましょう。いま商品Aに対する需要が減り，商品Bに対する需要が増えるとしましょう。この場合，商品Aに対する需要減，商品Bに対する需要増は地域1，2に同様な影響を与えます。商品Aに対する需要減の地域1，2への影響は商品Bに対する需要増の地域1，2への影響によって相殺され，したがって，地域間に変動相場制を導入して，商品A，Bの相対価格の変化による地域間調整を行う必要はありません。すなわち，生産構造の同質化（産業内貿易）が進んでいる地域は同一の通貨圏を構成すべきであり，逆に産業外貿易を中心としている地域は別々の通貨圏を構成すべきです。

③ 経済の開放度

経済の開放度の尺度の1つは「輸出入総額の対GDP比」です。経済の規模が小さく，他の貿易相手国からの距離が近くなるにつれて，貿易財の比率は高まります。小国にとっては，為替レートが変動するたびに物価水準も大きく変動することになるので，変動相場制を採用することの費用は高くなり，開放度

の高い小国は，大国を含む通貨圏の一部となるべきです。

【国際収支危機】

「経常収支＋資本収支 ≡ 0」（IMF国際収支マニュアル第5版ベース）という定義式は，開放経済に課せられる制約です。経常収支が赤字であれば，何らかの形で資金調達しなければなりません。資金調達手段は海外からの民間資本の流入であるかもしれないし，外貨準備の取り崩しであるかもしれません。もし支払う術がなければ，未払いということで「例外的ファイナンス」として国際収支表に計上されます。債務を返済できない国にお金を貸す人はいないでしょう。以前あった資本流入は止まり，逆に資本流出（資本逃避）が生じます。この過程で，経常収支は「経常収支＋資本収支 ≡ 0」になるように強制的に調整させられます。

【「政策の調整」vs.「不均衡のファイナンス」】

国際収支の不均衡が生じるとき，開放経済の政策当局者は「政策の調整」か，「不均衡のファイナンス」かのいずれかをしなければなりません。「政策の調整」だけしかできなければ，地域全体の利益に反する政策がとられる恐れがあります。また，「不均衡のファイナンス」を限りなくできると，地域全体の利益に反する政策がとり続けられる恐れがあります。つまり，地域が必要とするのは「政策の調整」と「不均衡のファイナンス」の最適な組み合わせであり，政策提言のためのサーベイランス（調査監視）と資金を提供する融資制度の両者です。

【通貨危機】

通貨危機とは「固定的な外国為替制度」（固定相場制，クローリング・ペッグ，クローリング・バンド，管理フロート制など）が投機的攻撃に襲われることです。

【国際資本移動】

IMF国際収支マニュアル第5版ベースでは，定義上，経常収支の黒字は資本収支の赤字（金融資本の輸出），経常収支の赤字は資本収支の黒字（金融資本の輸入）に等しくなります。金融資本の輸出は，現在は所得以下の消費を行

い，将来は貯蓄を取り崩して（貸金の返済を受けて），所得以上の消費を行うことを意味しています。金融資本の輸入は，現在は所得以上の消費を行い，将来は借金の返済を行うために，所得以下の消費を行うことを意味し，経済の厚生を高めます。

索　引

(A〜Z)

ASEAN ……………………………50
CIF価格 ……………………………53
EU …………………………………50
FOB価格 ……………………………52
IMF方式 ……………………………106
IS－LM－BPモデル ………………81
Jカーブ効果 ………………………68
OECD諸国 …………………………50
SWIFT（国際銀行間通信協会）………92

(あ)

アウトライト ………………………93
アバブ・ザ・ライン ………………58
アブソープション …………………69

(い)

一物一価の法則 ……………119,120
一般的生産要素 ……………22,27
インターバンク市場 ………………98
インターバンク市場（銀行間市場）……99

(え)

円高 …………………………………106
円の減価に対するプレミアム ……115
円安 …………………………………106

(お)

欧州方式 ……………………………106
オープン・ポジション ……………102
オープン金利平価 …………………114
オファー（売値） …………………100

(か)

外貨準備 ……………………………62
外貨準備増減 ………53,55,57,59,61,62
外貨の価格 …………………………103
外貨の売買市場 ……………………97
外国為替 …………………………90,97
外国為替円決済制度 ………………90
外国為替銀行 ………………………101
外国為替市場 ………………………97
外国為替制度の選択 ………………128
外国為替相場 ………………………8
外国為替取引 ……………………93,94
外国為替ブローカー ………………101
外国為替レート …………………89,103
外国為替レートの決定メカニズム……109
外国輸入量の変化率 ………………32
外為市場操作 ……………………132,133
概念上の外国為替 …………………90
開放経済 ……………………………71
開放マクロ経済モデル ……………73
価格政策 ……………………………44
価格面の政策手段 …………………37
撹乱要因の国際波及 ………………131
貸方項目 ……………………………55
課税 …………………………………43
カバー ………………………………111
カバー（先渡カバー）なし金利平価……114
カバー付き金利平価（CIP） ………110

135

カバーなし金利平価（UIP）……114
貨幣賃金率……………………10, 12
借方項目…………………………55
カレンシーボード……………127
為替………………………………90
為替管理…………………………38
為替リスクヘッジ……………112
為替レート…………………67, 103
関税政策…………………………38
間接表示………………………106
完全資本移動……………………81
完全特化…………………………4
管理フロート（ダーティー・フロート）
　…………………………………126

（き）

技術進歩…………………………27
期待インフレ率………………117
窮乏化成長………………………36
居住者……………………………51
金銀複本位制…………………127
均衡為替レート………………132
銀行間直物レート……………103
銀行間市場………………………98
銀行間レート…………………103
近代的比較優位理論……………18
金本位制…………………127, 128
銀本位制…………………127, 128
金融………………………………89
金融収支…………………………61
金融政策の独立性……………129
金融当局………………………101
金融取引…………………………54
金融派生商品……………………62

金利平価………………………110

（く）

クリーン・フロート…………126
グローバル経済統計……………49
クローリング・バンド………126
クローリング・ペッグ………126
クロスレート…………………105

（け）

経済成長…………………………23
経済の開放度…………………134
経常移転収支………………53, 56, 62
経常収支……………………52, 59
経常取引………………………109
決済………………………………89

（こ）

交易条件……………………32, 39
公的介入（平衡操作）………102
公的決済収支……………………59
購買力平価（PPP）……………120
国際金融…………………………89
国際金融のトリレンマ………127
国際収支移動…………………135
国際収支危機…………………135
国際収支状況……………………51
国際収支統計……………………51
国際収支の調整………………129
国際収支の発展段階説…………53
国際収支表…………………54, 60
国際収支表の作成（方）法…54, 55
国際通貨………………………125
国際的トランスファー…………39

国際分業 …………………………16
国際貿易 …………………………16
国際貿易体制 ……………………37
国際マクロ政策協調 ……………132
国内金融 …………………………89
国内政策 …………………………37
国内通貨 …………………………125
固定為替レート …………………107
固定相場制 ………………107,125,128
固定相場制（ペッグ（釘付け）制）……125
固定相場制下の政策効果 ………78
固定相場制への復帰 ……………131
古典的比較優位理論 ……………18
コルレス銀行 ……………………91

（さ）

サービス収支 ……………………52
裁定取引 …………………………119
最適関税 …………………………39
最適関税率 ……………………38,45
最適通貨圏 ………………………133
最適通貨圏の理論 ………………133
財務省 ……………………………101
先渡為替市場 ……………………111
先渡為替取引 …………………93,94
先渡為替レート …………………116
先渡し契約 ………………………111
先渡しディスカウント …………114
先渡取引 …………………………93
先渡レート ………………………104

（し）

直取引 ……………………………99
直物（じきもの）レート ………104

直物為替取引 ……………………93
直物取引 …………………………93
自国輸出入比率の変化率 ………33
自国輸入量の変化率 ……………33
資産の「一物一価の法則」 ……110
市場の信認 ………………………130
実効為替レート …………………107
実質為替レート ………………122,123
実質実効為替レート ……………107
実体経済の統合度 ………………134
実物取引 …………………………54
資本移転 …………………………62
資本移転等収支 …………………62
資本収支 …………………………53
資本集約性 ………………………19
資本集約的商品 …………………18
資本節約的技術進歩 ……………28
資本取引 …………………………109
自由貿易 …………………………37
自由貿易主義 ……………………45
自由貿易命題 ……………………37
証券投資 ………………………56,57
乗数 ………………………………71
消費効果 ………………………23,30
商品相対価格の分解 ……………12
商品本位制 ………………………126
ショート …………………………102
所得収支 ………………………52,56,62
ジョンソンの基本方程式 ………32
自律的取引 ………………………58

（す）

数量政策 …………………………44
数量面の政策手段 ………………37

137

スクェア・ポジション……………102
スクリーン・マーケット……………98
ストルパー＝サムエルソン定理………41
スプレッド………………………100

(せ)

生活上の外国為替………………90
政策の規律………………………130
政策の調整………………………135
生産可能性………………………24
生産効果…………………………23
絶対生産費………………………3
絶対生産費説……………………3,8
絶対的購買力平価………………120
絶対的優位………………………3,4
絶対的劣位………………………3,4

(そ)

相対的購買力平価………………120
その他資本収支…………………56

(た)

ターゲット・ゾーン………………132
第一次所得収支…………………62
対外均衡…………………………133
対外経済取引……………………51
対外決済メカニズム……………90
対外純資産………………………59
対顧客市場………………………98,100
大国の開放マクロ経済モデル…83
対内均衡…………………………133
第二次所得収支…………………62
ダイレクト・ディーリング………99
為銀（ためぎん）主義……………101

(ち)

中立的技術進歩…………………28
中立変動幅………………………105
超逆貿易偏向……………………24
超順貿易偏向……………………24
調整的取引………………………58
直接投資…………………………57
直接表示…………………………106
貯蓄・投資バランス……………69
賃金格差…………………………12

(つ)

通貨………………………………125
通貨オプション…………………94
通貨オプション取引……………94
通貨危機…………………………135
通貨危機の防止…………………130
通貨圏……………………………129
通貨先物…………………………94
通貨先物（フューチャーズ）取引……94
通貨スワップ……………………94
通貨スワップ取引………………94
通貨派生取引……………………93,94

(て)

ディーラー………………………99
ディスカウント…………………113
テレフォン・マーケット…………98

(と)

東京外国為替市場………………100
投資収支…………………………53,57
特殊的生産要素…………………22,27

特殊的要素理論……………………22	複数為替相場制……………………10
ドル高………………………………106	不胎化された介入…………………133
ドルの減価に対するプレミアム……115	プレミアム…………………………113
ドル安………………………………106	ブローカー……………………………99

(な)

内国為替………………………………90
内需……………………………………69

(へ)

閉鎖経済………………………………71
ヘクシャー＝オリーンの理論………17
変動為替レート……………………107
変動相場制………………107, 125, 128
変動相場制（フロート制）…………125
変動相場制下の政策効果……………75

(に)

2国間為替レート…………………107
日本銀行……………………………101

(は)

媒介通貨……………………………105
売買スプレッド……………………105
バラッサ＝サムエルソン効果……123

(ほ)

貿易財………………………………123
貿易収支…………………………52, 57
貿易政策…………………………37, 39
貿易の利益……………………………15
貿易パターン…………………………9
保護貿易………………………………37
保護貿易政策…………………………37
保護貿易論……………………………45
補助金…………………………………43

(ひ)

比較生産費……………………………3
比較生産費説…………………3, 5, 6, 7
比較優位………………………………17
比較優位理論…………………………17
非関税貿易障壁………………………38
非居住者………………………………51
ビッド（買値）……………………100
非貿易財……………………………123
ビロー・ザ・ライン…………………58

(ま)

マーシャル＝ラーナー（の）条件……33, 68
マネーマーケット・ヘッジ………112
マネタリーベース……………126, 132
マンデル＝フレミング・モデル……73, 81

(め)

名目為替レート……………………123
名目実効為替レート………………107

(ふ)

フォワード・ヘッジ………………112
不完全資本移動………………………81
不均衡のファイナンス……………135
複式記帳………………………………55

(ゆ)

融通 …………………………………… 89
輸出 …………………………………… 56
輸出可能商品 ………………………… 23
輸出規制 ……………………………… 38
輸出数量制限 ………………………… 40
輸出税 ……………………………… 37,40
輸出補助金 …………………………… 37
輸入可能商品 ………………………… 23
輸入可能商品需要の所得弾力性 …… 31
輸入可能商品生産の産出高弾力性 … 26
輸入関税 …………………………… 40,43
輸入許可制 …………………………… 38
輸入商品への消費税 ………………… 43
輸入数量制限 ………………………… 40
輸入税 ………………………………… 37
輸入代替 ……………………………… 36
輸入代替産業への生産補助金 ……… 43
輸入補助金 …………………………… 37
輸入割当制 …………………………… 38

(よ)

要素価格均等化命題 ………………… 21
要素賦存比率理論 …………………… 17
幼稚産業保護 ………………………… 36
幼稚産業保護論 ……………………… 46
予想直物為替レート ………………… 116

(ら)

ラーナーの「対称性定理」………… 40

(り)

リスク・プレミアム ……………… 115,116
リスクヘッジ ………………………… 94
リプチンスキー定理 ………………… 24
旅行収支 ……………………………… 56

(れ)

レオンティエフの逆説 ……………… 20

(ろ)

労働集約的商品 ……………………… 18
労働節約的技術進歩 ………………… 28
労働投入係数 ………………………… 12
労働配分比率 ………………………… 18
労働分配率の逆数 …………………… 12
ロング ……………………………… 102

著者紹介

滝川　好夫（たきがわ　よしお）
1953年　兵庫県に生まれる。
1978年　神戸大学大学院経済学研究科博士前期課程修了。
1980-82年　アメリカ合衆国エール大学大学院。
1993-94年　カナダブリティシュ・コロンビア大学客員研究員。
現在　神戸大学大学院経済学研究科教授（金融経済論，金融機構論）
　　　経済学博士
2016年4月～　関西外国語大学英語キャリア学部教授

主要著書

(1) 『現代金融経済論の基本問題－貨幣・信用の作用と銀行の役割－』勁草書房，1997年7月。
(2) 『金融に強くなる日経新聞の読み方』PHP研究所，2001年7月。
(3) 『経済記事の要点がスラスラ読める「経済図表・用語」早わかり』PHP文庫，2002年12月。
(4) 『ケインズなら日本経済をどう再生する』税務経理協会，2003年6月。
(5) 『ファイナンス論の楽々問題演習』税務経理協会，2005年4月。
(6) 『ファイナンス理論【入門】』PHP研究所，2005年7月。
(7) 『郵政民営化の金融社会学』日本評論社，2006年2月。
(8) 『金融モデル実用の基礎：Excelで学ぶファイナンス4』（共著）金融財政事情研究会，2006年10月。
(9) 『リレーションシップ・バンキングの経済分析』税務経理協会，2007年2月。
(10) 『ミクロ経済学の楽々問題演習』税務経理協会，2007年2月。
(11) 『マクロ経済学の楽々問題演習』税務経理協会，2007年2月。
(12) 『ケインズ経済学を読む：『貨幣改革論』『貨幣論』『雇用・利子および貨幣の一般理論』』ミネルヴァ書房，2008年3月。
(13) 『資本主義はどこへ行くのか　新しい経済学の提唱』PHP研究所，2009年2月。
(14) 『サブプライム危機　市場と政府はなぜ誤ったか』ミネルヴァ書房，2010年10月。
(15) 『図解雑学　ケインズ経済学』ナツメ社，2010年11月。
(16) 『図でやさしく読み解く　ケインズ『貨幣改革論』『貨幣論』『一般理論』』泉文堂，2010年12月。
(17) 『サブプライム金融危機のメカニズム』千倉書房，2011年3月。
(18) 『学生・院生のためのレポート・論文の作成マニュアル』税務経理協会，2011年11月。
(19) 『超超入門　ミクロ経済学＋マクロ経済学』泉文堂，2012年2月。
(20) 『大学生協のアイデンティティと役割』日本経済評論社，2012年7月。
(21) 『信用金庫のアイデンティティと役割』千倉書房，2014年4月。
(22) 『マンガでわかる統計学入門』新星出版社，2014年12月。
(23) 『消費者力アップセミナー　大学生のための消費生活リテラシー』税務経理協会，2015年3月。

楽しく学ぶグローバル経済論
平成27年12月15日　初版第1刷発行

著　者	滝川　好夫
発行者	大坪　克行
発行所	株式会社　泉文堂

　　　　〒161-0033　東京都新宿区下落合1－2－16
　　　　電話　03(3951)9610　ＦＡＸ　03(3951)6830

|印刷所|税経印刷株式会社|
|製本所|株式会社　三森製本所|

©Yosio Takigawa　2015　Printed in Japan　　　（検印省略）

本書の無断複写は著作権法上での例外を除き禁じられています。複写される場合は，そのつど事前に，（社）出版者著作権管理機構（電話 03-3513-6969，FAX 03-3513-6979，e-mail：info@jcopy.or.jp）の許諾を得てください。

JCOPY ＜(社)出版者著作権管理機構　委託出版物＞

ISBN978－4－7930－0144－4　C3033